王守臣/著

文不灭字

我在中兴通讯黄金二十年

上海远东出版社

图书在版编目（CIP）数据

文字不灭：我在中兴通讯黄金二十年/王守臣著．—上海：上海远东出版社，2018

ISBN 978-7-5476-1249-1

Ⅰ．①文…　Ⅱ．①王…　Ⅲ．①通信企业-企业管理-经验-深圳　Ⅳ．①F632.765.3

中国版本图书馆 CIP 数据核字（2018）第 243296 号

策划编辑　曹　建
责任编辑　张喜梅
装帧设计　张晶灵

文字不灭
——我在中兴通讯黄金二十年
王守臣 著

出　　版　上海遠東出版社
（200235　中国上海市钦州南路 81 号）
发　　行　上海人民出版社发行中心
印　　刷　浙江临安曙光印务有限公司
开　　本　710×1000　1/16
印　　张　17
插　　页　1
字　　数　217,000
版　　次　2018 年 11 月第 1 版
印　　次　2018 年 11 月第 1 次印刷
ISBN 978-7-5476-1249-1/G·902
定　　价　68.00 元

序

年近 50，已经逐渐记不起自己以前的一些事情，更不要说自己的爷爷、自己的老爷爷。

一个人的记忆一般不过四代，所以有说“四世同堂”就算幸福人家了。

我有一个朋友的父亲退休了，一时无事可做，便开始研究起家谱来，从此忙得停不下来，人也变得更加开朗。这样的家庭概祖上有光，所以用回忆回答一个终极哲学问题——我从哪里来？

前几天认识了一位宋姓朋友，大我四岁，聊起来大家颇有同感。到了我们这个年龄，很容易感动，看《无问西东》，沈母训子，会情不自禁，泪流满面。谈起也会时常问自己，“我是谁？”“我从哪里来？”“我到哪里去？”

前段时间我时常凌晨 5 点起来，想“到底我是谁？”当时觉得自己有毛病。现在看来，这是人近 50 都会思考的一个问题。因为人生按天来算就像一本书，不过 3 万多页，50 岁后剩下的页数没有翻过去的多了。

蒙田说过：“学习哲学就是学习如何死去。”

人过 50 都是哲学家。

人生过半，前世已逐渐模糊。有时看着眼前熟悉的人，却叫不出名字；想着要去理发，到了理发店才发现理发卡忘了带；兴冲冲地去了超市，却不记得要买什么东西……那些我爱的、爱我的、我恨的、恨我的，因为你们，我才感受到了自己的存在。已经进入忘却的年龄，怕来不及了，我要用不灭的文字记录我们一起的似水年华。

感谢Kathy、王思维的陪伴，感谢一起奋斗过的同事和朋友，生命因你们而精彩！

王守臣

2018年10月20日

目录

第一章

成长
（1998—2000）

通信，中国首先群体崛起的第一个产业

中国十几亿人口，这是一个巨大的消费市场，可以孕育万物；中国每年有几百万高校毕业生，这是一个庞大的知识群体；中华民族 5000 年来一直是一个勤劳的民族，足够努力……只要有和平稳定的环境、创新的机制，凭借巨大的消费市场、庞大的知识群体，勤劳的中华民族在全球的几乎每一个行业都会产生一两家世界领先的企业。今天看，中国在通信、高铁、核能、航天、移动支付等多个领域已经走在了世界前列，其中通信行业是这些走在世界前列的产业中首先群体崛起的一个产业。

固网交换机群体突破，实现了通信产业的第一次腾飞（1994—2002）

1994 年之前，中国固网交换机市场被国外厂家所垄断，有 7 个国家 8 种制式的产品，被称为“七国八制”，分别是日本的 NEC 和富士通、美国的朗讯、瑞典的爱立信、德国的西门子、比利时的 BTM、法国的阿尔卡特、加拿大的北电网络。那时候物质短缺，装一部电话要 3000 多元，还得排 3 个月的队。

随着“巨大中华”（巨龙、大唐、中兴、华为）在程控交换机领域实现群体突破，1998 年，装一部电话仅要七八百元，极大地满足了民众这方面的需求，刺激了通信业的发展。

中国 3G、4G 产品的全球规模化商用，实现了通信产业的第二次腾飞（2003—2018）

在 2G 时代，中国的设备供应商在行业中处于“跟着跑”状态，产品的上市时间、产品的性能都落后于国外厂家。虽然中国移动是全球用户数最多的移动运营商，但 2G 网络建设大多采用了国外厂家的设备，中国联通的 GSM 网络也不例外。中国联通的 CDMA 网络相对好些，但华为缺席，中兴通讯虽然实现首次招标入围，所占市场份额也仅是个位数。2G 产品在海外市场的表现相对好些，但早期主要市场也局限于非洲、拉美、东南亚等国家。

到了 3G 时代，中国的设备供应商在行业中处于“一起跑”状态，与国外厂家的产品差不多同一时期推出，性能指标已经局部领先。在国内 3G 网络的建设中，中国厂家的市场份额超过了 50%，在国际市场上，中国厂家的市场份额也累计超过了 30%。

到了 4G 时代，中国的设备供应商在行业中已经处于“领先跑”状态，领先于业界同行。在国内 4G 网络的建设中，中国厂家的市场份额超过了 70%，在国际市场上，中国厂家的市场份额累计已经超过了 40%。

中国设备厂家在 3G、4G 市场的突破，同步也带动了 2G 产品的规模销售。产品设备发展到 2008 年，已经实现了 2G、3G、4G 产品的硬件统一平台，就像计算机一样，只要更换应用软件，就可以实现不同产品功能。运营商在选择 3G、4G 合作伙伴时，在增加成本不多的情况下，就同步替换了原有 2G 供应商的设备。

5G 先锋，预示着中国通信业的第三次腾飞（2018—现在）

1994 年，按收入排名，中国电信设备厂家基本是不入流的。到了 2018 年再看，全球剩下的电信企业仅有四家了：华为、爱立信、诺基亚和中兴通讯，华为第一，中兴通讯第四。在电信发展史上，中兴通讯与华为的竞争从国内打到国际，结果打架的两个同城兄弟越来越强大，反而是旁边看热闹的北电（北电网络的简称，下同）、摩托罗拉、朗讯、西门子、阿尔卡特等企业纷纷合并或倒闭了。

5G 来了，与 4G 相比，5G 不但有 10 倍以上的带宽、更小的时延，更是人工智能、物联网、无人驾驶实现信息交互的基础。相信在 5G 的市场上，中国企业会有更好的表现，也将带动中国相关行业群体突破。

我 1998 年加入中兴通讯，恰逢中国通信产业蓬勃大发展的时候，有幸参与其中，经历了这史诗一般的画卷。

这是一段激情燃烧的岁月，用不灭的文字，记录下通信产业波澜壮阔的历史，以及我们一起奋斗的精彩瞬间……

中兴真傻

从本科到博士，只找过一次工作，就到了中兴通讯。

20世纪90年代，正是通信产业的快速发展期。1997年中兴、华为从高校毕业生中要招聘上千人。一般的企业招聘，一是不会给这么高的待遇，二是即使给这么高的待遇，也不会招这么多人，所以中兴、华为在高校的招聘就特别受人关注。通信专业、计算机专业的毕业生满足不了需求，相关专业如控制、光学仪器、物理、机械等，只要具备一定技能，也会被广泛录用。如果能进入中兴、华为这样的企业，在同学就业中就算是相对不错的了。

那个年代，学生毕业最好的选择是出国留学，因为国外学习、生活条件好，收入也是国内中兴、华为收入的4～5倍。其次是入职北电、爱立信、诺基亚这样的企业，这些国外企业的收入水平比中兴、华为的收入要高30%，而且工作福利也好。据说，北电的员工出差，要求一定要住五星级酒店，觉得如果住的差了，有损公司形象。我在南京读大学的时候，路过新街口的金陵饭店，都不让进去的。从这一点就知道那个年代这样的待遇有多大的吸引力。

再接下来的就业选择是入职中兴、华为这样的企业。收入待遇是当时一般企事业单位的5～6倍，很不错了，而且都是中国人，大家水平都差不多，好好干，比外企的机会更多。

我当时在考GRE准备出国，对工作也没有过多考虑，只是觉得能在中兴、华为这样的企业工作，比在外企工作更有主人翁的感觉。中兴到浙江大学（以下简称“浙大”）招聘的时间比华为早，所以中兴来招聘时，我就积极主动参加了面试。

面试时，面试官问了几个简单的问题，回答得还行。我学自动化专业，对通信的问题也不太懂，怕被问多了露馅，就对面试官说，浙大的宣传栏正在报道我的事迹，你去看看，对我的了解就更多些，然后就走了。

上宣传栏的事情是真的。因为那一年我获得了浙大的最高荣誉“竺可桢奖学金”，学校正在宣传栏报道我的事迹。从本科到博士所有在校生，浙大每年会选出十人授此殊荣。据说获奖者的名字将载入浙大校志，不知是真是假，没有去求证过。

陈同学是下一个进去面试的，回来和我讲：“老王，你太厉害了，面试给了你 100 分。”我有点洋洋得意。

第二天陈同学看到了自己的面试成绩，也是 100 分。原来我也就是芸芸众生中的一个。

面试那年是 1997 年，距今已经 21 年了。1997 年中兴给博士的工资是 4800 元，硕士是 3000 多。在当时算是特别高的工资。

中兴录用我是 1997 年的 11 月份。到了 1998 年 4 月份，听说中兴通讯给没报到的学生涨工资了，博士毕业生的工资涨到了 6300 元。

我觉得不可思议，我们还没有报到就涨薪？最起码等到了公司看看，是骡子是马拉出来遛遛再说。

我的印象是，中兴真傻！

我是 1998 年 6 月 28 日报到的，公司规定博士没有试用期。7 月份发上半年的奖金，说我是 6 月下旬报到的，按国家规定算工作半个月，给我发了 2000 元。

不识数，中兴真傻！！

转眼到了 1998 年 10 月。那时每季度都有调薪机会，涨得不多，给我加了 500 元。

还处于培训学习中，一点贡献还没有呢。

涨薪不看产出，中兴真傻!!!

再转眼，跨入了1999年，要发1998年的年终奖了。非要说我是上半年报到的，按全年算奖金。

那一年，我拿了4.8万元，是部门年终奖最高的人之一。2.4万元发现金，2.4万元发了中兴通讯的股票。

(2008年的时候，有人打电话给我，说这个股票奖励建议卖了，因为他要退休了，如果不处理，担心以后的人弄不清楚了。我才记起还有这么回事。大概卖了15万元。)

中兴真傻!!!!

大家都怀念那个傻傻的年代，我们就像单纯的孩子，以公司为家，晚上、周末都待在公司里。

1997年到2003年是中兴通讯发展最快的时期，6年时间公司收入从6亿发展到超过了百亿。

现在看，给员工发工资不用担心发多了。

公司给员工的，员工都会反哺于你。

可惜，后来中兴再没有这么傻过，业绩增长也没有这么快过。

中兴，一直傻下去多好。

Time Slot与Die

入职那天，我是与史伟强同事一起去公司报到的。公司知道我们这天要来，就事先帮我们租好了房子。房子里有淋浴，由于是夏天，每人还发了个凉席，这就是我们所有的家当了。为了省钱，我就与史伟强合租了个两室一厅，总共350元/月。我年长，住主卧，付200。

第二天我被分配到了接入网硬件室，就开始找些公司的产品资料来看看。同时从图书馆借了本通信原理的书，系统地了解一下通信是个什么玩意儿。

实践与理论两手都要硬。

我是学自动化专业的，看通信的资料一开始犹如看天书。好在在学校掌握了一套学习方法，所以也不着急，还是采用Top-Down的方式，先总览再局部。

几天下来，我给通信定义如下：

意义。就是实现不在同一物理空间的人之间的信息传递。

协议。两个人距离那么远，事先要定义好，从一端传到另一端的信号怎么翻译，所以要有一个全球通用的规则，那就是要有协议。

帧头。传输的信息需要有一个参考的起始点，就是帧头。这很重要，否则我在骂人，你还以为是在讨论一个高端学术问题。

互通。协议保证了不同厂家设备之间的互通性，不要买了一家的设备，就被这一家给吃定了。

这就是一个自动控制专业的人对通信的初步理解。

Top了以后，就该Down了。这个需要时间。我需要理解的第一个概念是，什么是时隙（Time Slot）？

看了半天，似懂非懂，还是去请教一下8年以上通信工作经验的周小姐。热心的10年工作经验的卢先生也来帮忙。认真至极。

终于弄清楚了什么是E1？什么是T1？既然已经有了E1为什么还要有T1？E1与T1能互通吗？等等。弄清楚了这些问题，也就了解了半个通信史。

同时也感受到了他们的不理解：这是一个什么博士？连时隙是什么都

不知道。

一周后卢先生在看一篇芯片的资料，看来看去看不懂。因为这个资料里有一个单词“die”老出现，一颗芯片怎么会老死来死去的？

卢先生问我，我看后微微一笑告诉他，“die”在这里的意思不是“死”，而是“模”，设计芯片时的一个技术单位，大概是牛津词典中 die 的第 11 个意思。

卢先生不信，去查词典，一看真是。感叹曰：“博士就是博士！”

总结：

1. 对不懂的东西要不耻于问。“不要脸”很重要。

2. 不要什么都不会，还得有一技之长。

“这里有个要饭的”

我是 1998 年 6 月 28 日加入中兴通讯的，工号 199806103608，数字包含的信息是：199806——我是 1998 年 6 月加入中兴通讯的；1——男性；03608——中兴历史上第 3608 位入职的员工。

现在员工入职都需要参加入职培训，我入职时是接入网硬件室的第一个博士，上海研究一所的倪勤所长说，现在工作多，博士就不要参加培训了。

给我分配工作的是胡剑总，我不清楚那时胡总的职务，感觉是倪总不管的事情胡总都管。胡总问我想做硬件还是软件，我说软硬都行。胡总说软件、硬件必须选一个，我就选了接入网硬件室。直觉告诉我，要加入大的团队，大公司小团队没前途。后续的经历说明这个决策无比正确。

我的第一任领导是许明总，第一次见面聊天就觉得他什么都懂。半个月后公司派我去深圳学习光传输，有幸与许总同行。

那是我第一次乘飞机，看什么都觉得新鲜，那么近距离地接触飞机有一种特别兴奋的感觉。

两人随便聊着，许总问我本科是哪个学校的，我说华东工学院，许总特别惊奇，那不是一个兵器研究的学校吗？于是我们就谈到了枪炮，又从枪炮谈到了飞机。原来许总是一个兵器爱好者，我这样的选手完全招架不住。

许总问我："你知道飞机顶上的那个小三角是干什么用的吗？"我当然不知道。许总解释道："飞机刚造出来的时候，可以飞，但飞行的时候非常不平稳，抖动得很厉害，很长一段时间都解决不了。这时候一个很牛的人物出现了，算了一道空气动力学题，然后在飞机背上装了这个小三角，从此飞机飞行就平稳了。"

我瞪大眼睛惊叹：这样的知识也知道！

若干年后，我带儿子乘飞机，问他那个小三角有什么用，他当然不知道。我解释道："飞机刚造出来的时候，可以飞，但飞行的时候非常不平稳，抖动得很厉害，很长一段时间都解决不了。这时候一个很牛的人物出现了，算了一道空气动力学题，然后在飞机背上装了这个小三角，从此飞机飞行就平稳了。"

儿子瞪大眼睛惊叹：这样的知识也知道！

那次登机后我和许总没有坐在一起，许总坐在我前一排的斜对角，我可以清晰地看到他。

飞机上发午餐时，我才知道飞机上还有免费午餐。许总吃了一盒，估计是没有吃饱，看服务员过去，就叫"再来一盒"。服务员没有听见，坐在许总旁边的一位女乘客赶紧帮忙，大声喊："服务员，服务员，这里有个要饭的。"

省的钱，分一半

在深圳我们住长安大酒店。公司在莲塘，坐几站公交车就到了，很方便。1998 年公司的出差标准是住宿 150 元/天，出差补助 50 元/天，在当时是比较高的。公司有出差政策，住酒店省下的钱，个人可以分一半。

在深圳学习光传输的同事一行五人，应晓冬带队，除了张佩华、李伟恒和我，还有一位同事，记不得名字了。两名老员工，三名新手。两名老员工有钱，住单人间；另外两名新员工比我还没钱，合住标准间。就剩下我一个人，没钱还得住单人间，这样省下的钱就不多了，自己分的钱也就少了。

长安大酒店旁边是一个五星级酒店，一到傍晚，便灯红酒绿的，进进出出的美女无数。

那时晚上散步总要有意无意地从旁边绕一圈。

酒店出来，有一个搞拍卖的，每晚都来。这家伙喊起来韵味十足，节奏感强，我很喜欢，所以就经常去听。

他讲粤语，其实我都听不懂。

拍卖时起价很低，问有没有人买，然后就有很多人举手。再喊加 10 元，看有没有人举手。如果还有不少人举手，就再加 10 元。看举手的人少了，他就喊再加 5 元。最后只有一个人举手了，他会大喊一声“嘎嘣一蒙”（音），连喊 3 遍，我理解这个是粤语里的象声词，他想表达的意思是“就这样，干脆给你算了”。

最后举手的人高高兴兴付钱走人。

没事干我经常去，就是想听他最后一句“嘎嘣一蒙”的味道。那时我觉得那是世界上最好听的声音。

若干年后，讲这个故事给广州的小贺同学听，他说，狗屁呀，人家是在问有没有人再加一块钱："再加一枚"。

小欧同学硕士毕业，比我早到中兴，邀请我去了深圳的歌舞厅，人生中第一次出席声色犬马之地。同行的还有小贺同学。那里有很多表演，我觉得很有意思。那时内地还很保守，改革前沿就是不一样。

那次深圳学习，同行的张佩华邀请我们一起去吃海鲜，点皮皮虾，5 个人点 5 斤，一半椒盐，一半白灼。惊叹有钱人真好，虾可以一斤一斤地吃。这是我人生中第一次吃皮皮虾，也是到现在为止吃过的最好吃的东西，用理科生的语言来形容一下："真是太太太好吃了。"

朱元璋当皇帝后，总觉得当乞丐时的烤红薯最好吃，大概也是这个道理。

后来再也吃不出那个味道，皮皮虾还是那个皮皮虾，但人已经不是那个人了。

（儿子 6 岁那年，我带他回山西，下飞机去吃长治特产——猪头肉甩饼，之后儿子说山西有三样东西最好吃：猪头肉、甩饼、猪头肉甩饼。）

深圳学习期间，陪应晓冬去取款机取钱，取了 2000 元，拿了就走呗，他还要数一数，这也能错？我觉得他多虑了。一数，还真差一张。就赶紧打取款机上的电话。

后来我也养成了取钱后数数的习惯。

我在长安大酒店住了两个星期，身上就没钱了，不好意思借，两名老员工也没有主动借给我。心里暗骂他们小气。可是有困难你不说人家怎么知道呢？

应总说，我可以在他房间打地铺。为什么不提我们合住个双人间呢？

后来听说莲塘那边有宿舍住，不要钱，我就搬过去住了。

一住就是两个月。

回去报销，徐会计说，我没有住宿发票，不给我省下钱的一半。

应总说，我把我的发票给你一半不就可以了吗？

因为我没钱，出差时间长，住了公司宿舍的事，在公司上海研究所都传开了。徐会计也知道，也觉得不太好。后来这事就算了。

现在想想也是，公司的宿舍也应该有价格呀，省下的会更多，给我才对。那时候邹总还没有给人上“不着急、不害怕、不要脸”的课。

两个月，损失很多钱。

徐会计是公司的好会计，但不是好人。

徐会计是公司的好会计，也是个好人，让我做了一次最诚信的人。

后来还碰到过徐会计一次，不好意思地冲我笑，不知道她是不是一看到我，就想起了这个故事。

这个财务政策几年后就没有了，改为在额度内实报实销，也就没有人住宿专门省钱了。

现在我自己开公司了，坚持在财务报销制度上写了这一条。

怎么又是你

在深圳主要的任务是学习光传输，要把本部研究所的外置光传输技术学会，回上海后内置到接入网里，提升接入网的产品竞争力。

虽然现在在多数产品上中兴的市场占有率没有华为高，但很多产品中兴通讯一开始是领先的。中兴因为宽松的文化，从不缺创新的土壤。

比如接入网。接入网的概念首先是中兴通讯接入网事业部总经理倪勤总提出来的。有先发优势，一开始中兴通讯市场占有率第一。华为的人就捣鼓呀，怎么能超过中兴呢？他们想来想去，就把155M的SDH光传输集成到接入网里一起卖，中兴的解决方案还停留在PDH上。客户对内置SDH的集成解决方案非常认可，中兴没有。中兴通讯接入网产品与传输产品属于两个不同的经营单位，工作重点不统一，利益不好分配，集成的解决方案很晚才推出来。中兴的内置 SDH 集成解决方案出来的时候，华为的接入网市场占有率已经超过中兴了。

宽带 ADSL 刚出来的时候，也是同样的故事。一开始中兴 ADSL 市场份额第一，都说中兴的技术好，对技术要求苛刻的代表——上海电信也首先用了中兴的设备。广州 ADSL 招标，是中国电信历史上规模最大的一次招标，华为报价比中兴低很多，势在必得。按我们的成本测算，一个项目下来要亏损 3000 万元。中兴的技术，华为的价格，客户也很难选择。最后客户说同样的价格条件下，优选中兴，把球踢给中兴了。

中兴说："亏钱我不做。"

华为说："我做。"

后来广州电信的 ADSL 项目成了华为的样板工程，在全国不断拷贝，市场占有率就超过中兴了。仅广州电信的 ADSL 项目，就不知道华为赚了多少钱。

中兴与华为的差距，我感觉就是两点：

1. 领先时就停下来自我欣赏；

2. 定格局时不够大气。

当然我的高度不够，也看不到更本质的东西。

1998 年上班是不用打卡的，上海的员工到深圳出差就更不用打卡，什么时间上班全靠自觉。公司不时也会安排纠察队在公司入口处检查。

到深圳出差上班迟到几分钟是常有的事，我自以为我是很守纪律的，争取都按时上班。一次，迟到 5 分钟被纠察队查到了，迟到名单被公布在公司上海研究所的 BBS 上，上海的同事看到了就和我讲，说我迟到了，被抓了，我才知道自己被通报的事。

于心无愧，依然我行我素，第二次又被抓了，同一个办公室的同事问我：“怎么又是你?”

以后 10:30 来上班就不会有事了。

这么想过，但行动上改为乘更早一班的公交车。

规则有很多漏洞可钻，坚持做正确的事，才会进步更快。

一不小心，做了项目经理

在深圳学习两个月，收获很大，对传输的设计方案有了一个基本了解。感谢这次带队的应晓冬老师，知无不言，言无不尽。应老师最大的特点是讲解浅显易懂，言简意赅，比较适合我这样的初级选手。

不过这次学的知识没用上，回来就改方向了，内置传输项目暂停，因为有一个更重要的需求。

随着拨号上网用户的增多，长时间占线，使得很多用户电话都打不通了。客户提出要做一个数据分流设备，用于识别出拨号上网的用户，把这些上网用户旁路到数据链路上，以提升电话用户的接通率。

许总把需要开发的几块单板分了工，发现后背板没有人来做。由于我负责主控板，与其他功能的单板都需要打交道，就主动申请承担了背板的开发任务。

背板的开发工作量并不大，但由于要与其他单板协同工作，就需要与项目组的其他成员经常讨论接口，一段时间下来对整个系统了解的就相对多一些。

许总事情太多，管不过来了，有一天就说：“守臣，你来做项目经理吧。”

入职半年后，实现了职业生涯的第一次进步。

多干些没坏处，与人需要沟通的地方机会多。

——王博语录

（王守臣博士语录，简称“王博语录”，下同。）

加班与军旗

上班，下班，加班……

如此往复，大家都在努力奋斗着。

也没有什么好比的，大家就比谁的加班时间多。

多数人周一、周二、周四的晚上和周六固定加班，遇到故障或项目紧，通宵达旦的也常有。

公司会为加班的员工准备不同花样的点心，晚上 8 点后阿姨就推着小推车一个一个办公室送，贴心得很。

我一个月的加班时间大概在 60 个小时，属于中等偏上。加班最多的是王保东同学。那时候加班平日 6 元/小时，周末 120 元/天，王保东同学有次神秘兮兮地和我说，这个月加班费拿了 1000 多。加班费比一般单位的月工资都高。王保东同学工作很努力，做得也不错，不久就做了 ADSL 的项目经理。

上海与深圳不同，深圳的午休是一个半小时，饭后有睡觉的习惯。上海没有，连吃饭时间在内一共只有一个小时。

利用餐后的半小时下一盘军棋，是当年大家最大的消遣。

午饭后，迅速拿出棋盘，积极寻求队友，抢占有利地形，互相轻蔑着、试探着、欺骗着……

盘终，一阵笑声，一声叹息，大家又像打了鸡血一样投入到工作中去了。

在接入网硬件室工作到2000年6月份，就调入小灵通产品线任无线开发部的部长了。

接入网硬件室是我最喜欢的集体，离开了这个集体，标志着单纯生活的结束。在新的岗位上，要开始面对市场的挑战了。

选举

一天，我正在六楼的实验室调试，突然听到广播里通知，接入网硬件室的同事请到二楼会议室集合。

(1999年我们在龙吴路的时候，有一套广播系统，遇到重要的事通过广播通知)

大家急急忙忙地往会议室跑，我进去的时候已经有很多人了，嘻嘻哈哈很热闹。詹喻平一看我进去就说："领导来了。"我当时觉得莫名其妙。

坐下后才知道是要选举室主任。

中兴通讯采用五层管理架构，总裁、副总裁、产品总经理、部长、科长。公司规定，五层管理干部通过直选产生，三层和四层通过竞聘产生，一层和二层由董事会任命。

直选工作是由阚玉伦总主持的，因为直管领导许明总不在。

先宣布规则如下：

1. 5人以上可以推举一名候选人；

2. 第一轮投票如果有过半数的，就直接当选；

3. 如果没有人过半数，就前两名做差额选举。

第一轮有几个候选人，不记得了，只记得最后剩下了我与阿贵。

阚总说，我们也学习一下美国的总统选举，两位候选人上来做个竞选演讲吧。

“王守臣先来。”

这样的演讲一定要注意：简洁、简洁、简洁，观点要对选民有益，同时也符合公司导向。

我讲了三点：

1. 为科室员工争取福利，工资高高，奖金多多；

2. 多组织活动，提高生活质量；

3. 组织大家干好公司分配的任务。

简洁！

下面该阿贵演讲了。

阿贵的演讲更简洁。一句话：“王博挺好的，请大家投王博一票。”

感谢阿贵，感谢大家，我就正式成为中兴通讯五层管理干部了。

第二章

小灵通那些事儿
（2001—2003）

中兴为什么会选择小灵通

中兴通讯采用矩阵式管理。矩阵式管理是与直线式管理相对而言的。在直线式管理的结构中，一个员工有一个明确的上级。而在矩阵管理中，一个员工有两个上级，如处于矩阵之中。具体如开发部的员工，他的一个领导是部门部长，负责员工能力建设；一个领导是项目的项目经理，负责产品项目的开发。

这个与中国现代化军队建设思路比较像。

中兴引入矩阵管理是 1999 年。

部长的工作主要是做人的工作，我不太喜欢，我个人兴趣还是在做事。被任命为部长三个月后，我就主动辞去了这个职务，被领导以所长助理的职务派到广西北海，负责中兴通讯第一个小灵通的试验局。

一段打了鸡血的生活从此开始。

说起这段历史，我先解释几个问题：

什么是小灵通

小灵通是一种微蜂窝移动通信技术。移动通信技术发展可大致分为两个阶段：模拟和数字。数字移动通信按带宽、承载语音还是数据为主，又可以分为 2G（GSM 和 CDMA）、3G（WCDMA 和 CDMA EVDO）、4G（LTE）三个阶段。现在 5G 又要来了。从 2G 到 5G，数据带宽越来越宽。

2G 的时候，国外厂家技术遥遥领先，中兴、华为等国内厂家是“跟着跑”，抓住了个市场的小尾巴。

3G 的时候，国内的厂家与国际厂家技术上已经差距不大了，属于“ 起跑”。

4G 的时候，国内厂家已经局部领先了。中国移动、中国联通和中国电信三大运营商 70%以上市场选用了国产设备，国内厂家已经是处于“领先跑”。

“跟着跑”、“一起跑”和“领先跑”就是中国移动通信设备供应商发展的三个阶段。

现在进入到 5G 时代，中兴、华为已经全面领先了。全球能提供全套 5G 设备的，就剩下中兴、华为、诺基亚和爱立信了，爱立信跟在后面，跑得气喘吁吁，累得亏损了一屁股的债。

小灵通不属于以上技术中的任何一种。小灵通本质上是一种数字移动通信技术，是日本企业做的一个标准，在日本叫 PHS（Personal Handy

System)。由于采用微蜂窝组网，所以切换就比较多，覆盖困难，用户的感受就是容易掉话。

小灵通更像无绳电话，实现在一定范围内的移动通话。就是比无绳电话的活动范围大一点，把无绳电话从一个房间内的移动扩展到可以在一个城市里移动。小灵通电话号码采用固定电话的编号方式，资费也采用固定电话的资费，所以与移动电话比，资费有很大的优势。在欧洲有一个与PHS类似的技术，叫DECT，在欧洲应用的比较多，后面会提到。

在中国做PHS产品的公司有三家：中兴、UT Starcom和朗讯。做得最早、市场份额最大的是UT Starcom，在国内他们起了一个很好听的品牌，叫“小灵通”。中兴和朗讯做PHS时，UT Starcom已经把“小灵通”叫火了，我们再另外起个名字没什么用。给客户做产品介绍，热情洋溢地讲了半天，客户问我们，讲的是不是就是“小灵通”？尴尬！所以后来中兴与朗讯干脆就把自己的PHS产品都叫“小灵通”了。

世人只知有小灵通，而不知有其他也。

UT Starcom也没有起诉中兴和朗讯侵权，因为大家一起做，可以把小灵通市场规模做大，最终大家都受益，不是一个零和游戏。

所以在中国，所有厂家的PHS产品都叫小灵通。

落后的技术在中国为什么有市场

小灵通在中国市场的成功，首先要从中国电信的改革说起。

1994年之前电信业务是垄断经营的，全中国就中国电信一家运营商。为了打破垄断，在时任国务院副总理的朱镕基同志的大力支持下，成立了具有全业务牌照的中国联通，寄希望通过引入竞争，促进电信业的快速发展。但由于中国联通的注册资金仅有10亿元，面临资金短缺、人才匮乏等困难，发展不尽如人意，中国电信一家独大的垄断局面并没有发生改变。于是从 1998 年起，政府开始酝酿从中国电信拆分出移动业务成立中国移动，形成中国电信、中国移动、中国联通三家竞争的局面。

2000 年 4 月中国移动正式成立，但在正式成立前的两年时间里，中国电信已经在思考没有移动业务后该如何发展。

当时移动业务才刚刚开始，移动业务规模比较小，也没有想到后来中国移动的业务发展会那么快，所以大家都不愿意去。去的人更像是被淘汰去的。为了给中国移动把队伍凑齐，总部就下发政策要求一个单位要去多少人；夫妻双方都在中国电信的，要求仅能有一个留在中国电信，多数是女方去了中国移动。两三年后，这些去了中国移动的，收入是在中国电信留下来的同事的好几倍，职务也更高；夫妻双方原本都在中国电信，女方去了中国移动的，男方在老婆面前抬不起头。

留在中国电信的会产生什么样的心情？一定是要找一个机会超过中国移动，重新证明自己。

中国电信没有移动牌照，不能经营快速增长的移动业务，他们就想到了小灵通业务，打擦边球，把小灵通解释为固网的延伸，而实际上是变相经营起了移动业务。

为了业务的快速增长，为了与中国移动竞争，为了不输于原来还不如自己的兄弟，为了在家里还像个男人，为了证明自己曾经的抉择，他们会投入什么样的热情到小灵通的工作中去，大家可以想象得到。

在当时政策允许的条件下，大干快上小灵通是证明他们的唯一机会。

中兴为什么会选择上小灵通

2000 年我到小灵通产品线的时候就听说，在公司领导讨论是否上小灵通这个项目时，公司领导除侯为贵总裁与接入事业部倪勤总经理支持外，其他领导都坚决反对。

2002年，有一次与侯总同时到达浦东机场，陪侯总一起到公司，就请教侯总，在当时政策不明朗的情况下，公司为什么会决策上小灵通项目。

侯总讲了三点：

1. 中国电信对移动业务有迫切的需求。

2. 小灵通资费的优势。1999年，移动电话的收费是双向收费，打电话、接电话都收费，市内电话0.40元/分钟，漫游更贵。而小灵通采用固话的资费政策，0.10元/分钟，单项收费。比如我做产品总经理时电话多，一个月的手机话费3000多元，一般个人根本用不起。对有移动需求的低收入消费者，物美价廉的小灵通就成了大家的首选。用户对低资费的小灵通有迫切的需求。

3. 小灵通在日本有规模使用的成功经验，所以在中国优选小灵通技术。

对于在中兴具体选择PHS和DECT哪种技术，公司技术部门从技术优势、建网成本和标准通用性等方面写了一个70页的评估报告，结论是选择DECT。

侯总批示：选择PHS。

原因就一个，PHS在东京一个城市就有几百万用户，而DECT根本没有组过这么大的网络。中国像东京这样人口密度的城市太多了。

不得不惊叹于侯总的决策思维方式。原因与结果之间的关系简单、直接。

凡是因果关系复杂的商业推理都不靠谱。

——王博语录

在绝大多数人反对的情况下，侯总依然坚持自己的决策。

这就是领导者。

领导者与管理者的区别，就是能在迷雾中给大家指明方向。虽然当时不觉得决策全部可信，事后又证明正确无比。

——王博语录

侯总在小灵通、CDMA 和手机上的英明决策，极大地推动了中兴 1999 年到 2004 年的快速发展。虽然 2017 年华为的收入是 6000 亿元，中兴的收入是 1000 亿元，相差 6 倍，但在 2004 年中兴与华为的绝对值差距仅有 50 亿。

后来也有人说，任总看不上小灵通这个落后的技术，全力投入到 3G 等新技术上，大方向正确，所以后来就大幅领先中兴了。

结论是：

胡扯！

小灵通发展的中后期，华为曾试图介入小灵通市场，并推出了小灵通手机。华为由于出发太晚，赛程已进入收官阶段，华为再努力也只能黯然收场了。

中兴人，2004 之后的 14 年，与华为的差距越来越大，我们都去哪儿了？

小灵通的玩家们

有人的地方，就有江湖。

有利益的地方，就有竞争。

我们看看在小灵通这个市场上有哪些玩家，他们是如何给自己定位的。

一个公司的定位，是通过产品、广告、案例、口碑等在客户脑海中逐渐形成的印象。自己想的公司定位，是自己的期望，在客户心中形成的印象才是公司的实际定位。如果客户心中的你，就是你期望的你，你的定位就成功了。

在小灵通业务上，总共有三个玩家：UT Starcom、中兴和朗讯。下面我们就从企业文化、技术、服务等三个方面，谈谈三个玩家在客户心目中的定位。

文化

UT Starcom 是一家美国公司，公司的总部在杭州，高层是清一色的归国华侨。那时的海归就是一种地位的象征，一提到海归，脑海里浮现的就是有钱、有文化。不像现在，海归太多，海归变海带了。

我与他们的高层接触过，他们都非常笃定，认为小灵通在中国一定会成功。虽然中间国家政策反反复复几次，曾经下文暂停小灵通的建设，他们也从未怀疑过，行动也从未停止过。这与他们的市场敏锐度有关。UT Starcom 与政府接触甚密，也许知道未来会发生什么。中兴与朗讯在这方面的力量就弱些，受政策的影响，投入走走停停。

UT Starcom 能够这么专注，与这家公司的产品结构也有关。UT

Starcom 只有小灵通一个产品，也别无选择。小灵通成功，UT Starcom 公司就成功了；小灵通失败，UT Starcom 公司就关门了。

中兴与朗讯顾虑就比较多，小灵通仅是公司众多产品中的一个，不会为了小灵通一个产品的利益而影响到公司的其他产品。因为中国电信没有移动业务牌照，经营小灵通涉嫌违规，中兴、朗讯跳得太厉害了，政府可能出来收拾你，所以在政府面前表现也就谨小慎微一些。

设备供应商与军火供应商也差不多。UT Starcom 就一个产品——小灵通，就一个客户——中国电信，所以怎么吆喝都没有问题，见了中国电信的，就教他们怎么打中国移动，怎么打中国联通，多爽！中兴与朗讯就不同了，中国移动、中国联通问你，你们怎么做这种技术落后的、涉嫌违规的设备给中国电信呀？我们也只能说，都是客户中国电信要，不做也不行呀。心里偷着乐，还得装成一个受害者。到了中国移动、中国联通那儿，客户表扬你，中兴做得不错嘛，到现在我都不知道，下联我们该接什么，比接“曲作家在家作曲”的下联还难（见下文“我不喜欢中国名字”）。

UT Starcom 与中国电信关系好呀，因为他们有共同的敌人。

UT Starcom 通过产品、宣传、市场表现等，把自己定位为行业的领导者。他们也做到了。后期认可度因网络质量差，品牌有一些下降，但作为“小灵通的领导者”的行业地位没有变过。

因为小灵通的切换多，容易掉话，所以与移动电话相比体验也就差些。但是抵不住物美价廉呀，老百姓买不起移动电话，又想移动通话，就买小灵通。每个城市一上小灵通都会产生轰动效应，用户为了买个小灵通，愿意在中国电信排两公里的队。

技术

我们从无线网络、核心网和终端三个方面分析一下 UT Starcom、中兴、朗讯三个厂家的产品优劣势。

无线网络：

UT Starcom组网采用小基站，发射功率20 mW，一个基站覆盖100米。中兴与朗讯采用的是大基站，发射功率500 mW，一个基站覆盖500米。大基站与小基站的信道数是一样的。这样，覆盖同样面积的城市，UT Starcom就需要更多的基站，就有更多的信道数。他们给客户宣传时，强调自己的优势，有多少多少个信道，而不讲在同一个地点，一个用户能同时接收到几个基站的信号。中兴与朗讯覆盖同样面积的城市，需要的基站数要少很多，由于覆盖面积大，在同一个地方接收到信号的基站数就多，切换也就少了。

相比之下，中兴和朗讯的网络有明显优势。

客户的认知分两类：

固执型：客户已经想好了，他听你讲，无非是想通过你来证明他原来的想法是对的。多说无益，再说反感。

空杯型的：他们愿意听听专家的意见，形成完整认知后再来决策。

UT Starcom在宣传上反复强调“信道多，网络好”，“投资低，收益快”。中兴与朗讯就反复强调“覆盖好，网络好”，“体验好，发展快”。

定位不同，就吸引了不同的客户群体。

穷人买东西，就看价格；富人买东西，就看品味。

我们这样的中产阶级，多数时候讲究物美价廉。

中产阶级买了便宜的东西，绝对不会说是因为价格低才买的，而说我就喜欢这个调调。

言归正传。UT Starcom靠低价吸引了一大批客户，早期市场占有率达60%以上，后来被中兴打压下去了，还有40%多。

毕竟UT Starcom初期建设网络的投资仅是另外两家建设网络投资的

一半，成本优势明显，还是吸引了一大批客户。

核心网：

UT Starcom：UT Starcom 的核心网，是不像交换机的交换机。美国人就是不一样，做好了是创新，做不好是差异。因为与我们多数人的认识不一样，所以客户一般不会去评论 UT Starcom 的核心网好不好。说好吧，讲不出有什么优点，因为在自己的头脑中找不到一个参照系。说不好吧，也不敢讲，因为是美国人做的东西，讲错了，怕别人笑话。所以我不说，只笑。啥意见？你猜。呵呵，我不说。

UT Starcom 不讲自己的核心网多牛，客户也不问 UT Starcom 核心网的问题。能用就行。

核心网？相视一笑，呵呵。

客户评论中兴与朗讯的核心网就多了，因为这个他们都懂。

中兴：接入网架构。

朗讯：交换机架构。

交换机与接入网相比，优势就是容量大。中兴由于核心网容量小的技术缺陷，很长时间在大城市未获得突破，局限于二三线城市。你要知道，中兴通讯是做交换机起家的呀，怎么可能没有交换机的核心网呢？因为在中兴内部，小灵通属于接入网事业部的经营范围，所以小灵通的核心网就用了接入网的架构。而交换机属于网络事业部的经营范围。由于部门间的壁垒，就没有考虑采用交换机的架构。另一方面，也是担心国家政策。接入网是接在固网交换机上才能打电话的，所以是固话的一部分，政策上更靠得住。

你也不必耻笑中兴通讯的管理，因为那是 1999 年的第一场雪，似乎比一般厂家都早了一些。

那个时期还产生不了现在的思想。

中兴小灵通核心网的问题，直到 2002 年遇到移动事业部核心网产品线的系统部部长方晖后，这一问题才根本解决，并跃升为行业的标杆（见下文“三个火枪手”）。

手机：

建设网络，网络的质量再好，最终还是为了发展用户。在中国电信投入到产出的转换过程中，手机发挥着巨大的作用。UT Starcom 很早就明白了这个道理，并身体力行。他们从日本引进了大量的手机，高中低档各种款式，帮助客户发展用户。中兴和朗讯在这方面做得就差些，手机型号少，款型单一。

为满足中国电信发展用户的需要，也是规避自己在手机方面的短板，中兴和朗讯就开放空中接口，允许各厂家的手机接入。

UT Starcom 却不开放空中接口，由于有丰富的终端，他们通过低价中标系统设备，再通过手机销售来获取利润。利用这种商务模式，UT Starcom 赚了很多钱。

朗讯的手机一直就没有发展起来过，2003 年后，基本上没有中标过任何项目，属于陪太子读书型的。

每次都有参与，虽然从未中标。

没落的贵族。

中兴的手机在 2002 年殷一民总负责手机事业部后，得到了比较好的发展，迅速推出了飞机系列，737、747、767、777 等机型，取得了比较好的效果。

小灵通手机的产品总经理是张亚东，他为这些型号起名时，是不是有意与飞机型号对应，我没有请教过他，但事实上正是因为这样的对应关系，才让大家很容易记住了这些型号的名字。

能想出这样的策划创意，就应该为张总点赞。

从这个案例学到：做一个合格的产品经理，就要真心从客户的需求出发，以客户的成功为成功，真正解决用户的痛点，才能做出好产品。

用侯为贵总裁的话说："我们要做客户需要的，而不是我们能做的"。

服务

UT Starcom产品单一，人多，打人海战术，随叫随到，干啥都行，所以服务好。有一套发展用户的营销策略，接地气，客户用了都说好。

中兴的企业文化就是"精诚服务，凝聚顾客身上"，在每个省都有办事处，都有专职的售后服务团队，因此中兴通讯的服务也是一流的。

朗讯就差很多了，基本上设备销售完后就没有什么人管了，所以朗讯的市场份额很快就下来了。他们的地盘上，由于服务跟不上，在一些项目的扩容中，如泉州，也选用了中兴通讯的设备，这在小灵通的发展史上是非常罕见的。

结论

公司定位，是通过产品、广告、案例、口碑等在客户脑海中逐渐形成的印象，决定了员工的视野和行为，也决定了公司产品在市场上的表现。

总结UT Starcom、中兴、朗讯三个玩家的市场定位如下：

UT Starcom：

1. 小灵通的领导者。

2. 低成本，信道多；投资低，收益快。

3. 手机产品丰富，帮助中国电信发展用户，真正"以客户为中心"的践行者。

朗讯：

产品质量过硬，网络质量好，核心网容量大，适合于大城市建设。服务差。

中兴：

产品质量好，网络质量好，服务好。前期采用接入网架构时，容量小，仅适合于二三线城市。后期采用移动交换机核心网之后，网络适合大城市组网，已经全面超越竞争对手了。

三个火枪手

中兴通讯总裁赵先明博士，2011年还在负责无线经营部的时候，在一次沟通会上，系统地阐述了产品总经理在规划产品时所应关注的六个纬度，现在还不绝于耳。

作为产品总经理，在规划一个产品的时候，要从六个维度来看自己的产品：客户需求的满足度；竞争对手；标准；供应链；成本；新技术。

1．客户需求的满足度。产品设计最重要的是满足客户需求，解决客户的痛点。把握住这个，大方向就不会错。

2．竞争对手。竞争对手也在努力满足客户需求，我们与对手相比，谁满足客户的需求更好，谁就胜出。不能孤芳自赏，要在竞争中胜出。我们不能仅看着竞争对手，满足客户需求更重要。因为竞争对手也会犯错误，别把竞争对手犯的错误自己也犯一遍。大的需求出现时，是超越竞争对手的最佳时机。原有的领先者，会因为保护既得利益而变得保守，从而为后进者提供超越的机会。

如摩托罗拉，在模拟时代，技术领先，市场份额第一。当新技术数字GSM出现的时候，不是继续引领，而是对新技术进行阻挠，以保护其在模拟时代的市场份额。在数字 GSM 时代，被爱立信和诺基亚超越。在 WCDMA 时代被市场彻底淘汰，关门了。

万人敬仰的、我们 1998 年毕业时的最佳雇主，就这样关门了。

3. 标准。标准很重要，因为标准往往代表着技术先进性，规模市场的应用。非标准的东西往往成不了气候。但如果我们足够强大，非标准的东西也能成功。名人把字写错了，是通假字；普通人写错了，是错别字。

4. 供应链。东西再好，也要保证能规模供应市场，因此选择好供应商很重要。否则客户需要却生产不出来，还不急死人？

5. 成本。东西再好，贵了也是没人买的。在现阶段，低成本仍是第一生产力。

6. 新技术。新技术的出现，往往会颠覆一个行业。不关注新技术，我们有一天死的时候都不知道怎么死的。

在 2001—2003 年任小灵通产品总经理期间，虽然还没有接受过完整的产品经理技能培训，但是也看出了产品定义中存在的最大问题——核心网的容量满足不了大城市的建设容量需求。因为这个产品缺陷使得我们局限于二三线城市，在省会城市市场中仅获得乌鲁木齐一席。

公司有固网交换机产品，于是我决定到网络事业部去寻求合作。与他们的负责人谈了后，说干活没问题，给业绩就行。提了个条件，我算了一下，相当于把西服都给他，我就剩一条短裤。

算了，再看看别的部门。

去移动事业部看看。移动事业部那时主要经营 GSM 产品线，市场还没有打开，很艰苦。核心网产品总经理蔡优芳出差不在，系统部部长方晖接待了我。

听了我的需求后，说这个太容易了，用我们的移动核心网呀，比用固网交换机好多了。小灵通本身就是一个移动的架构。移动核心网有专门用于移动用户数据管理的 HLR，比朗讯的固网交换机强多了。三个月搞定。

如获至宝之余，对合作的条件有些顾虑，怯怯地问，那我们以后收益如何分成?

方总讲，这个不重要，我们先把活干起来，都是一个公司的，利益分配，你说怎么样都行。

我心潮澎湃呀，一定要牢牢抓住。见过傻的，没有见过这么傻的。

在采用接入网架构时，核心网容量小，核心网是小灵通产品的一个劣势。三个月后，采用了移动核心网，容量大，又是移动架构的，核心网就成为了小灵通产品线的最大优势。

别忘了前面讲的，中国电信的移动情结。

合作不久后，就拿下了安徽省全省的小灵通项目，全省当然有合肥。乌鲁木齐是省会城市，用了中兴小灵通，但是人口少，合肥才是真正意义上中兴小灵通的第一个大容量项目。

再不久，又拿下了南京的小灵通项目。中兴小灵通就成为了大城市客户的首选品牌。

小灵通产品线的市场定位发生了改变，成为了中国电信的最佳合作伙伴。

原来我认为世界上没有可以托付终身的人，但是我错了，方晖就是。

对中兴小灵通产品的发展起到关键作用的三个人中，作为产品总经理，我算一个，后来成为移动核心网产品总经理的方晖算一个。三个火枪手，还差一个。

为了成都的小灵通项目，2001 年 8 月我到成都去出差，住在 301 招待所。

刚好国内市场的小灵通商务技术经理培训在这里召开，我就在这儿认识了后来到西班牙总监办负责商务的李俐，对总监办的工作支持很大。这是后话。

晚上吃饭的时候，在大厅碰到一个小伙子，人帅、气质好倒在其次，因为我觉得本人也同时具备这两个优点，主要是感觉这人特别能讲。一问才知道，来自移动核心网产品线，也是来支持成都小灵通项目的。听他讲小灵通产品，从移动产品的角度看，而不是从接入网的角度看，耳目一新，留下了很深的印象。

回来后不久，因小灵通业务的快速发展，要设一个市场部，专门负责市场推广。

市场部是四层部门，部长由竞聘产生。我看了一下那些报名的人选，觉得不够满意。

竞聘这事吧，首先要在候选人中有合适的人，牵出来遛遛才有意义。如果没有，就不要组织竞聘。于是我得再找些硬通货。

忽然我想起来了在成都 301 招待所碰到的那个特别能讲的兄弟，就打电话问方晖，这个人怎么样？是否可以过来？

方晖说觉得可以。

然后这个兄弟就连夜写了篇竞聘报告，忽悠快结婚的女朋友说干一年就回南京，得到批准后第二天坐火车到上海参加了竞聘。

悲摧的是从 2001 年起到现在，他再也未回南京工作过。

他就是张建国，后来历任小灵通产品总经理、WCDMA 产品总经理，现在是公司高级副总裁、无线经营部的总经理。

小灵通的三驾马车，三个火枪手，到齐了。

好戏开始……

合作

生命不息，需求不断。

我们再来看一下现在中兴小灵通产品的竞争力。

无线网络，基站采用大基站，智能型大基站，覆盖好。核心网采用的是移动核心网，容量大。移动核心网用于小灵通，那就是杀鸡用牛刀，优势是 UT Starcom 和朗讯无法比拟的。手机终端类型需要丰富，通过空口开放，已经得到基本解决……

一切如此美好，看似可以高枕无忧了。其实用户需求在源源不断地出现，一步跟不上，就会被竞争对手超越。

中国电信是经营固话业务的，与中国移动、中国联通竞争，他们的优势就是与固定电话捆绑。中国电信提出一个新需求，能不能把家里的固定电话与小灵通捆绑在一起，打家里的固定电话时，能实现固定电话和绑定的小灵通同时振铃。这个需求合理，技术实现上需要做一个业务平台。业务平台由小灵通产品线来开发耗时耗力。有了上次与移动核心网产品线的合作经验，这一次决定与业务产品线展开合作。

与移动核心网产品线合作，虽然一开始大家没谈钱，但因合作给小灵通产品线带来了业绩的大幅提升，所以与方晖总协商后决定，把小灵通产品线收入的 20％业绩划入他们核心网产品线。从此移动核心网产品线的业绩也好起来了，员工的奖金也多起来了。

不争是争。人品好，该有的都会有的。

当时业务产品线总经理是朱宏军，与朱总业务沟通，相当顺利，最后难点在收入分配上。

朱总是个谈判高手，我脸皮薄，所以这事儿呀，就请公司领导决策。

那次参加协调决策会议的有时任公司总裁侯为贵，公司负责运营的执行副总裁何士友，公司高级副总裁、无线经营部总经理叶卫民等领导。

会议上我首先汇报了合作的必要性，然后讲小灵通产品线已经分了20％的收入给移动核心网产品线，剩下的不多了，后续投入也很大，我们建议小灵通产品线收入的10％划给业务产品线。

然后是朱总讲话，说业务产品线的投入更大，他们要15％。

何总听了我们的建议，说不要10％，也不要15％了，就12.5％吧。然后问我的意见。我说，百分之多少并不重要，关键是业务产品线要真正投入，确保把产品做好了，把市场占有率提升上来，我们也愿意给他们15％。我的直接领导叶总也马上表态，15％没有问题，关键是把事情做好。那边侯总听了我们的表态，高兴得哈哈大笑。

最后公司决定，小灵通产品线把15％的业绩划给业务产品线，业务产品线必须全力支持小灵通的快速发展。从此，我们“一机两号”业务成为了进一步提升市场占有率的利器。

这一年，小灵通产品线和业务产品线业绩都大幅快速增长，双双获得公司的最高荣誉——特别贡献奖。朱总和我各奖励30万元。

这次合作我也很开心。以前内部合作感觉都像求人办事，看别人的脸色吃饭，现在好了，我和朱总说做这个做那个，他啥也不说，说干就干。

也许你要说王博好傻呀，这么多业绩，都给别人了。

因为我明白了一个道理，在中兴干活，首先要公司好，然后才是团队好。以大家为家，个人才会有发展。

更重要的是，我发现，按当时的激励政策，业绩再好，个人收入也不会增加多少。

合作就像吃一个碗里的草莓。一定要让合作方感觉到，你把最红的都留给了对方，虽然是你，吃掉了更红的。

战北海

喜剧是开心的，但却容易遗忘，

只有悲剧才刻骨铭心。

还得讲讲我们那些伤心事儿。

崩溃边缘

2001年初，我以所长助理的身份到北海负责公司的第一个小灵通试验局。杨明所长和我讲，这个项目已经到了关键时刻，需要我到现场组织公司力量，尽快解决产品质量问题，时间过长，客户失去信心，竞争对手就替换掉我们的设备了。

总结以往的销售经验，最有效的销售方式还是先树样板点，再开现场会，通过拷贝复制实现规模销售。

北海试验局是中兴通讯第一个小灵通项目，对内用于解决问题，对外用于客户展示，可见其意义重大。后来北海接待了几百批参观客户，为小灵通市场拓展立了汗马功劳。

我到北海的时候，这个项目已经有四五个月了。经济上，客户需要迅速放号，实现收入；形势上，北海是中国电信第一家选择中兴通讯设备的，他们也承担着巨大的压力，一旦出现问题，就被其他客户看作笑话了。

中兴在北海现场有八个人。到北海，先找个别同事聊聊，同时通知大家晚上开会。顺序很重要，因为人多的时候，人通常不愿意表达自己的真实想法。找个别同事了解，可以更好了解现场的实际情况。

多数人都处于崩溃的边缘，这是我从交流中所感受到的。

综合分析后结论如下：

1. 问题长期得不到解决，压力大。网络经常出问题，时好时坏。今天出这个问题，明天出那个问题。今天这个问题解决了，明天那个问题又复发了。今天给客户这样解释，明天又给客户那样解释，自己推翻自己前面的说法，客户也变得越来越不相信中兴的人了。

今天我们不会犯这样的错误，但是18年前我们就这样一个水平。

2. 研发支持不得力。网络问题的解决主要依靠研发人员。现场能做的事情，主要是反馈现象，根据研发的要求采集数据。研发人员感慨前方的同事真笨，这个搞不定，那个拿不来。现场的同事骂研发人员反应慢，反馈了这么多数据，问题的原因还找不到。

3. 长期远离家人。在北海的同事多数离家已经超过三个月了，大家都有点想念亲人，挫折的环境中思念更甚。

面对这样的现状，开会要求让大家加油干，那是胡扯，还是大块吃肉、大口喝酒的好。

宣泄一下，干杯！

印象中大家都醉了。

有如神助

草堂昏睡足，
窗外日迟迟。
大梦谁先觉？
平生我自知。

酒醒之后，已经日上三杆。伸一个懒腰，念一首诸葛亮的诗，我们还是开始干活吧。

九个人坐下来，我们还是复盘一下，网络到底有哪些问题。

这是一个很漫长的过程。因为大家很苦，都有很多话要说。

讲什么不重要，关键是让大家把委屈给发泄出来。

讲什么很重要，因为从不对称的信息中可以发现问题，找出解决问题的方法。

什么是有用的信息呢？我一直没有总结出来。后来在做成都小灵通项目的时候，销售处经理王伟给我讲，这个项目有几个业务员，他从不让业务员相互沟通，而是让他们都向自己直接汇报，这样他们反馈的信息有一样的，也有不一样的，也有互相矛盾的，这些不一样的、互相矛盾的信息往往更重要，分析这些差异才能发现问题的关键。如果业务员之间互相沟通了，他们就会有顾虑，担心自己弄错了而过滤掉一些不一致的信息，这些信息有时是很重要的。

信息的有效就在于差异。

信息的有效就在于差异中的一致。

言归正传。有一个同事已经崩溃了，干脆让他回家算了！留下来贡献不大，还影响大家的战斗力。

大家讲到了很多问题，但总结起来最核心的就两个：

1. 单通。打电话时经常一方听得见，一方听不见。

2. 接通率不稳定。一段时间打得通电话，一段时间打不通电话。

还有一些问题，与上面两个问题比，都是小问题，是好不好用的问题，而这两个问题是能用不能用的问题。如果这两个问题解决了，其他的问题也许就迎刃而解。

在繁杂的事物中，找出关键矛盾，并解决之。马克思说得更简洁，解决主要矛盾。

——王博语录

接通率的不稳定，大概半个月左右发生一次。而单通问题是一直在发生的，体验更差。

抓主要矛盾，再简化，我们首先要解决单通问题。

在目标确定上，团队第一次达成了高度一致。

单通故障规律：没有规律，时有时无。

多次信令程序跟踪，也没有发现问题。

谈话中，注意到甘建平讲到一个现象，说有一批从深圳发过来的控制板，换上去以后，在这些单板的区域内好像就没有单通了。

重要信息！

从深圳发来的控制板换上去以后确实没有单通了吗？

答：一部分人说确认，一部分人说不确认。

判断：那这个事情最起码是有过的。

那我们把深圳发来的新控制板，更换到一个新的区域，去测试一下不就知道了吗？

答：这些深圳新发来的控制板，也没有做特别标识，换来换去的，已经区分不出哪些是新发来的，哪些是原来的。

那我们是不是可以要求从深圳再发一些新的控制板过来呢？

答：想过，没行动。估计生产线没有更多的控制板了。即使有，因为没有合同，估计也不给。

与深圳生产线确认过了吗？确实没有，还是不同意发？

答：没有，猜的！

似乎看到了解决问题的希望，立即与深圳生产线联系。

有货，迅速发了一批新的控制板过来。

把这批新来的单板换上，到这批单板控制的区域去测试，神奇地发现，单通的故障没有啦！

心里那个乐啊，四个月的问题，就这样被我轻而易举地解决了。首先向领导报功，然后就欢天喜地地回去过春节了。

到这里可以判断，故障出在单板上，而且在硬件上。只要找出这批新的单板与原来旧的单板有什么区别，问题就解决了。解决问题是研发的事，就不用我操心了。

后来证明这个结论是错误的。

客户点将

大年初三接到杨总电话，要我立即前往北海。原来，以为北海已经解决掉的单通问题又出现了。

客户点将一定要我去，说上次王博士一来，问题就解决了。这次只要王博士。

荣誉呀，去吧。

到北海后，与项目组成员坐下来一起分析故障原因。对现象大家达成一致，认识如下：

1. 确认更换深圳发来的新控制板后，单通问题确实解决了。

2. 两天后单通再次出现，并随着时间的增加单通比例增加。这个通过用户投诉数据可以证明。

有图有真相。

结论一：单通的故障一定出在控制板上。

结论二：控制板使用一段时间后出现了变化，软件出了问题，或者硬件出现了失效。

又是甘建平，他说了一个重要的现象：同一块单板，出现单通后，如果重新复位或重新插拔后，单通故障也消失了。

这小子可以呀，应该去当警察，观察能力强。换新单板与复位对程序起到的作用是一样的。这样的细节也能观察得到。

我们曾经开玩笑说，出差要带的最重要工具是牙签，遇到故障，捅一下复位键就恢复正常了。

最终结论：控制板运行一段时间后，程序发生了什么变化，造成了单通。

越来越接近真相。

神人钱沛

研发来人了，钱沛。

钱沛是公司老员工，软件专家，是公司接入网软件开发部的部长。其实他不负责小灵通产品线，但这个问题在研究所太有名，被他知道了。好事者一个，他就要求到北海来看看。

杨总特别叮嘱我，钱沛到现场后按他的意见办。不要惹他，凡是牛人都有个性。

钱沛到了，热烈欢迎，他的名气比较大，原来就比较熟悉。把这边情况给钱沛汇报后，他眼睛一瞪，怎么可能？再汇报，眼睛再一瞪，怎么可能？最后说我知道了。让他再到机房看看，出去测试体验一下，他说不用了，什么是单通我又不是不知道，就回房间了。

我觉得他不深入一线，行吗？

领导说，钱沛想怎么干就怎么干，随他，我就不管了，看他怎么死的。

第二天再看到钱沛的时候，他拿着一本宝典——西门子的芯片用户手册说，我估计是西门子的 E1 芯片出了问题，西门子 E1 芯片一个寄存器的一位，一段时间后会发生改变，由 0 变成 1，所以就单通了。寄存器的这一位是 0 的时候就代表通，寄存器的这一位是 1 的时候就代表不通。

原因终于找到了，能够解释出现的古怪现象了。我问钱沛，寄存器写好了，内容怎么能改变呢？钱沛曰，这可能是西门子芯片的一个 Bug。

这也行！

修改软件，过一段时间就让程序重新写一下这一位，保证为 0，这个问题就这样彻底解决了。

神人钱沛，钱沛神人！

当我们碰到问题的时候，通常会在自身找原因，一般不会去怀疑厂家给的源代码有问题。

钱沛做到了。

能做到这样的，还有一位神人，浙大的师弟徐灏。我们在做一个水泥厂自动化项目的时候，买了上海一套控制系统，徐灏在此基础上开发了一个控制程序，怎么编译都不对。后来徐灏说一定是我们买的调用程序错了。然后他就去看系统自带的源程序，修改了一个宏定义，然后结果就对了。

身边有这样的神人，才有了这些传奇故事。

向日本人学习

单通问题解决了，还有一个半个月左右就会发生一次的接通率突然下降的问题。

小灵通是一个 TDD 的时分系统，空口同步就非常重要。如果时钟不同步，上行、下行时隙之间就会干扰，接通率就下降了。

日本人是我们的师傅，让我们自己解决这些问题，不知道要摸索多长时间，所以解决问题的最好方法就是把师傅请过来，直接上战场，徒弟在旁边看着。

在我们的一封封邮件、一个个电话的催逼下，京瓷小灵通的最高领导神野纯一部长亲自带队，率领一行十人到了北海现场。

神野部长中等身材，微胖，小眼睛转起来贼溜溜的，嘴巴总是笑着，感觉和蔼可亲。他听你讲话的时候，总是不断地点头，感觉对你说的话非常的认可。时间长了，才知道那只不过是他的一个习惯性的动作，点头也可能是摇头的意思。

日本团队到了以后，首先与我们的技术团队一起讨论了出现的问题和现象，他们拿出笔和比报纸大一倍的纸，把我们所讲的问题和现象记录下来，贴在酒店的墙上。日本人后来叽里呱啦讲了一通，也没给我们翻译，最后讲，今天就这样吧，明天白天我们再碰一下。

第二天再到他们酒店的时候，发现墙上又多了几张纸，其中一张纸上写的是工作计划，每个人什么时间要做什么事，结果是什么。还有一张纸上记录的是，在不同时间段不同基站上的时钟信息。

神野部长开始讲话了。

神野讲话的时候，慢条斯理。他的慢，有一种特别韵味，让人感觉他讲的话特别可信。

重要领导人讲话的速度都是慢的，讲话快的，很少成为领导者。终于发现一个自己进步慢的主要原因。

神野说昨天晚上我们安排人凌晨两点去采集了时钟同步数据，作为一个参考点。因基站的时钟同步是在两点时进行更新，更新之后，每个基站就单独工作，一天下来基站的时钟会有一定的漂移，当时钟偏差达到一定程度的时候，就会出现基站之间不同步，基站间干扰就大了，接通率就会下降。

开出的药方：多装几个 GPS，增加凌晨 2 点基站间的同步。

马上落实。

又在算法上做了些优化，多装了几个 GPS，问题就解决了。

通过这次十几天与日本人合作，发现他们身上有许多闪光的东西，总结如下：

1. 工程能力强。日本人画图制表，徒手可以把一条线画得很直、很平，这是我们多数中国工程师做不到的。我想，他们能够做到这一点，是因为在学校的时候就受到过这样的训练。

2. 计划性强。他们每天会进行例会，对每个人的工作制定计划，并贴在墙上，展示出来。对进展随时进行共享，使每个成员都知道其他成员的进展情况。

3. 展示方式好。他们总会通过图形、表格形象地表示出一些结论。不像我们，不断地列举，讲的人讲了很多，听的人不知道他在说什么。

向日本人学习！

要学习日本人的敬业和精细化管理。

客户为什么喜欢我

解决问题，主要是由研发人员和现场的技术人员来完成的，客户为什么点将要我到北海来负责？我想我主要解决了一个沟通和信任的问题。

我第一次到北海见到李局的时候，首先向李局汇报了我们的信心和决心，问题不解决，我就留在北海不走。同时约定，我每天会向他书面汇报项目进展。

这个做法一直坚持下来，每天一上班就会把书面报告送到他的办公室。

报告简洁，不超过一页纸，字要大，让李局有耐心、有时间看完。

给李局汇报问题解决进度的时候，同时讲清楚出现问题的原因，李局作为一名技术型领导，不但希望知其然，而且要知其所以然。

道具很重要。我发现李局很爱学习，总爱问一些技术问题，如基站之间是如何同步的？基站之间是如何切换的？我就让人去买了块白板，每次去办公室汇报工作的时候，就带这块白板过去。一边给他讲，一边在上面画。李局觉得很好。

我们的信任就是通过这些工作细节一步步建立起来的。

当我 8 月份再次带客户到北海参观的时候，李局亲自到电力局的门口迎接我。双手握着我的手说："王博士，你终于又回来了！"

由于北海项目很成功，北海的大局长邓局，提拔到广西壮族自治区公司做了副总。负责技术的李局，后来调到防城港做了大局长，由于大家的工作变动，后来我们一直没有再见过。

李局，一向安好吧？

北海风情

北海的工作很辛苦。为了知道凌晨两点初始同步后的网络质量是什么样子，大家需要凌晨两点钟就出去测试。那时候还没有什么测试工具，就靠人。一个人拿两个手机，左手一个，右手一个，左耳拨，右耳听。几天下来，耳朵都听疼了。

小灵通产业催生了很多家上市公司。比如摩比天线，现在是香港的上市公司，就是通过小灵通发展起来的。一开始一根天线卖给我们 1000 多块钱，后来降到了 100 块钱，但是数量上来了，一年下来收入都过亿。还有盛路通信（002446），在创业板的一家上市公司，也是做小灵通天线发展起来的。网优公司如鼎信通讯（603421），第一个产品就是生产小灵通自动模拟测试仪，替代我上面提到的人工电话测试。

思路决定出路。

小灵通产业催生了上百个亿万富翁，而我们这些自称小灵通的领导者，现在还在苦逼地生活。

北海最著名的是银滩，一望无际的沙滩，碧绿的海水。银滩当时的门票大概是 50 元一张。我们去的时候，只要说是做小灵通测试的，他们就让我们进去了，省了不少门票。风景漂亮，姑娘更漂亮。水下是游客，岸上靠边坐着一排排陪游，个个穿着比基尼，50 元提供陪游服务。

这个服务得付钱，说自己是做小灵通测试的，没用。

北海工业不发达，是个典型的旅游城市。

我们很喜欢去一家东北餐馆，那里价格很公道，味道也不错。更重要的是那里有很多十六七岁的服务员，哥长哥短，听起来很是亲切。我们经常去听听她们银铃一般的笑声。

北海的房地产破产不久，很多楼都是空的，干脆就用来养猪。我们做测试总需要有个能说话的吧，于是我们就与住在别墅里的猪说话。时间长了，我们一喊“喂”，一群猪就跑过来听我们讲故事。

一个人长期在外面单独工作，集体小，没有与家人在一起，就需要找到一种放松的方式。唱歌、打麻将、斗地主都可以，不能一个人总关在屋子里。

我一直提倡做产品经理的，要懂得一门“赌博”的技艺。一方面无聊的时候找个乐子，另一方面也锻炼一下报价的心理。

海地的一名中方员工，比较孤独，经常一个人待在房间里，没事干，就用手打墙，最后把自己手都打得伤痕累累。没办法，只好把他送回国内。

一次给到巴西考察的执行副总裁何士友总讲这个故事，何总说，海外工作的员工一定要找到一个乐子来放松自己。我觉得很有道理。

除了工作，我们还有生活。

在北海，我学到了很多。第一次进了电信的机房，才知道所谓的 E1 线是在地下走的；才知道基站上走线，可以安装更方便；才知道进机房一定要换拖鞋……

太多的第一次。

北海的项目帮我建立起了完整的电信系统概念，由一个新员工蜕变成一个合格的电信工作者。

北海，我爱你。

朱犇传

公司总部对小灵通的进展很不满意，于是派了总裁助理朱犇总前来助阵，同时兼任接入事业部副总经理。

第一次见到朱总的时候，我还是无线开发部的部长。朱总召集几个开发部的部长开会，主题是要从其他开发部抽调人员到无线开发部，增加小灵通的研发投入。

新来领导大家都不认识。要从自己的部门抽人，心理上当然是抗拒的。所以讲这有困难那有困难，抽不出人来。最后三个部门只抽出了四个人。我脸上都有点挂不住了，可朱总还像刚开始一样谈笑风生，似乎很不在意最后的结果，说感谢大家支持，给一个人也是好的。

时间长了，才知道朱总的厉害。

老虎永远是老虎，虽然刚开始看起来可能像猫。

——王博语录

朱犇属牛，朱总的妈妈属牛，朱总的爸爸也属牛，故名朱犇。

朱总是原华为的副总裁，负责市场，属于与任正非一起最早的创始元老之一。因为母亲病故，在家守孝五年，复出后加入中兴通讯，任总裁助理。

与朱总的第二次接触是在北海。朱总看到了北海进展，对我印象很不错。他说，明天与京瓷有个商务谈判，没事儿就一起参加吧！

那是我人生中第一次参加商务谈判。双方扯来扯去，毫无进展，真对他们着急，忍不住在旁边指手画脚。后来我才体会到，商务谈判就是这个调调，前面谈的都是烟雾弹，互相试探心理底线，最后的几分钟，才是关键。

这次与日本人谈判，最后谈崩了。日本人说不谈了，马上乘飞机就回日本。我看朱总似乎也不着急，大有一拍两散之意。日本人在上飞机前，给朱总打了个电话，找了个台阶，做了让步，基本同意了朱总提出的条件。

这需要有多么强大的心理承受能力和对对手多么深入的研判呀。你要知道，京瓷是独家供应商，我们的基站很快就没有货可供了。

耗时间是日本人常用的商务谈判策略，当你精疲力尽、心烦意乱的时候，日本人就看到了成功的希望。

广西后来对玉林和贵港两个城市招标，客户认可中兴的网络质量，但又觉得我们的价格有点高，就与中兴进行独家谈判。一边是中国电信，一边是中兴通讯，结果朱总来了往中间一坐，像个和事佬一样，骂中兴通讯，你们的价格可不可以再降一点，又恳请中国电信价格再高一点，最后竟然把生意撮合成了。

别忘了，朱总可是中兴通讯的员工呀。

原来生意还可以这样做。

朱总也喜欢助人为乐。接入网产品在云南出了问题，要求公司的高层去道歉和解决问题。接入网本不是朱总的负责范围，许明总请他帮忙，朱总就去了。

客户把朱总一阵埋汰，说中兴如何之差，华为反应如何之快，等等。等客户抱怨完了，朱总说：“华为的市场反应速度是快一些，他们的市场体系就是我建的。”

牛呀，客户不知道下面是该表扬呢还是该批评呢。英雄相惜，客户后来对朱总也很尊重，这件事就算过去了。

日本我们有两个供应商，一个京瓷，一个三洋。朱总去日本考察的时候，不告诉他们先去哪个厂家，等他到酒店了才见供应商。

见了京瓷就说三洋多么多么好，见了三洋就说京瓷多么多么好。双方不明虚实，都不知道该怎么接待他了。

朱总的电话很多，一天到晚电话不停，有一次电话打着打着，因为过热就冒烟了。

2000 年下半年的时候，朱总与杨明总说自己想带个徒弟，一个人跑不动了。杨总推荐了几个人，朱总都没看上。杨总说你自己挑吧，朱总就选了我，大概也是基于在北海的表现吧。

做好一件事，可吃一辈子。成名趁早。

——王博语录

朱总的故事还有很多很多……

朱总思路开阔，待人慷慨。无论工作还是生活，都是良师益友。

天妒英才，朱总未完成他喜爱的小灵通事业，在去茂名出差的途中不幸因车祸去世。

没有朱总，就没有小灵通的大发展。

在中兴短暂的两年时间里，朱总为公司的发展做出了重大贡献。

朱总，您永远活在我们心中！

你下来，刘盛华上

按朱犇总的要求，我就从研发人员变成了市场人员。

到市场岗位的第二天，就被要求到郑州出差。郑州的小灵通要招标了，需要我们去对标书进行澄清。

这个任务本来是刘盛华负责的。中国电信在郑州有个电信研究院，研究院里有一批专家，前期刘盛华去与他们接触过，觉得这批人不好对付。就邀请我与他一起去，以为我的技术比他懂，其实大错特错了。

第二天的澄清由谁主讲？刘盛华死活不肯上去，说我是领导，又是搞研发的，对付那些技术专家更合适。

那时我对什么是标书都不清楚，更从来没有澄清过。

刘盛华就对我做强化培训，哪些条款答复满足，哪些条款答复不满足，如何解释，等等。其实我觉得自己还是不能胜任，但是想既然已经到市场了，总要过这一关，就硬着头皮答应了下来。

对澄清，我们内部没有演练。第二天由代表处的副经理、明星业务员崔佳带队，直奔现场了。

由于对内容不熟悉，属于“没吃过猪肉，也没见过猪跑”型的，再加上第一次在客户面前讲，有些紧张，我讲得干巴巴的，下面的评委估计从未见过这样的选手，我看他们比我还紧张，你看看我，我看看你，不知道该怎么进行下去。

有时候演戏也需要对方配合的。

“你下来，刘盛华上。”

一个女声好像从天上传来，我的处女秀就这样结束了。

这个女生就是崔佳。

后来崔佳到了国际市场，负责过北欧区。中兴的欧洲市场当时是做得比较差的，崔佳负责的区域是中兴欧洲突破最好的一个。

这大概与她的这种性格有关。

估计她已经不记得了。

刘盛华在上海一所小有名气，一方面是他本身市场能力很强，又很能讲，更重要的是他娶了我们上海一所的所花，最漂亮的那个。

我们俩住一个房间。没事聊天，问他作为上海男人，娶了所里最漂亮的姑娘，是不是怕老婆，在家里要做饭。他说，是要做饭呀。我嘿嘿一笑，心想上海男人就是怕老婆呀。他接着说，不过不是怕老婆，而是因为自己老婆做的饭不好吃，你知道吧？

牛！

后来我见到刘盛华的夫人，求证。胡扯！刘盛华在家里从来不做家务的。

不知道谁说的正确。

上了日本人的当

商务谈判是一门学问，一门有技巧的学问，一门有高难度技巧的学问。

在进行商务谈判前，需要做好以下几方面的准备工作：

1. 确定洽谈的业务范围。

2. 明确自己的谈判目标，做到心里有数。

3. 通过竞情渠道研判对方的心理期望。

4. 商务部分，要了解产品的成本及市场的定价。

5. 根据业务需要，确定接待的流程。

日本人谈判，往往喜欢派一个庞大的代表团，有商务的，有技术的，有时还有律师。他们往往不着急，显得慢条斯理，让自己有充分的时间，来感知对方的心理状态。

来了一堆人，讲话的就一个，到现在我也不知道来那么多人干嘛。

小灵通第一次与京瓷谈判的时候，京瓷方负责人是山口增海，长得很像一个艺人。

在技术、供货期等条款确定后，剩下的最关键部分就是价格了。那次我们还是做了充分的准备。了解京瓷在日本的价格，那是非常高的，不具有参考价值。也了解了京瓷给朗讯的价格。也考虑了与 UT Starcom 的小基站竞争，我们需要的基站价格。

在参考竞争对手价格的基础上，我们觉得做到 7 万元/基站是比较合适的，所以我们就从 6 万元/基站谈起。京瓷从日本的销售价格开始谈起，认为 9 万元/基站也是非常低的价格。大家谈来谈去，谈了一整天，最后京瓷把价格降到了 7.8 万元/基站，就再也不降了，双方就僵持在那里。

这个时候，三口突然接到一个电话，显得非常紧张，边接电话边走出了会议室，大概过了半小时才回来。脸色苍白，连声说对不起，说刚才把汇率算错了，前面同意的 7.8 万元/基站的价格根本做不了，恳请我们同意他收回上次的报价。做不成生意都无所谓。

我们一看这哪行啊，7.8万元/基站的价格是你同意的呀，怎么可能收回去呢？如果是错了，也是你错了，你得承担这个责任！

山口坚持说这个是自己弄错了，确实让他为难了。

双方沉默在那里，过了5分钟，山口艰难地站起来，痛苦地说，既然我前面给过这个报价，那我还是要为自己的错误负责，同意7.8万元/基站的价格。感慨道，如果回去被公司开除了，以后就见不到他了。

我们觉得我们终于胜利了，高高兴兴把合同给签了。

睡了一觉，觉得不对啊！感觉山口是演戏给我们看，根本就没有汇率算错这回事儿。山口通过这么一招，巧妙地锁定了商务价格。

我们上了日本人的当。

卖东西也是一个道理，好的销售员会问你买这件红色的还是那件白色的，而差的销售员会问你买还是不买。

商务谈判，有一本书值得推荐，《优势谈判》。有时间可以看一下。

（文中成本非真实数据，特此声明。）

钻裤裆

黄石出事了，客户要用UT Starcom的设备替换我们的网络。

这还是我们的人偶然发现的。有人到机房巡检，发现UT Starcom的设备在机房，已经开始安装调试了。

把人吓个半死，如果设备被替换，那将是中兴年度最大丑闻，省经理以下的责任人下课实属必然。

武汉处的经理是侯磊，黄石的片区经理是许高山。既然已经糟糕到这个地步了，还是尽快向领导汇报吧，集公司资源解决问题。所以侯磊总及时把问题汇报到了公司业务最高领导、接入事业部总经理倪勤那里。

“到黄石，速办!”领导一个电话，我就到了武汉，到了武汉大家都还不知道黄石要被搬迁的具体原因。

许高山更着急，他是第一责任人啊!

东打听西打听，才知道是因为黄石客户反映的问题，我们都未能及时解决，客户决定用 UT Starcom 的设备替换我们的设备。

估计客户也是忍无可忍才出此下策。

湖北在决定上小灵通的时候，他们是做过设备选型的。因为 UT Starcom 设备的网络质量不好，所以在选型时就没有选上。湖北省全省选了两家供应商，中兴和朗讯。

而黄石竟然要上 UT Starcom 的设备，这个有点违反省公司的决定。

侯总还是很有经验的，黄石这样做不符合省公司的决定啊。于是及时给省公司领导做了汇报。当然首先要承认自己的问题，并承诺马上改进。上午给省公司汇报后，我与侯总就立即驱车前往黄石。

武汉到黄石，大概要四五个小时的车程，路上无事，就与侯总随便聊了起来。

侯磊总，山东人，谈起了水泊梁山。不知怎么说着说着就说到了三国演义。侯总一下子打开了话匣子，没想到他对三国演义烂熟于胸，对许褚赤膊上阵与马超大战了多少回合、典韦战张绣救曹操、黄忠定军山刀斩夏侯渊等娓娓道来。我感觉侯总是投错行了，他应该去说评书。

可惜评书界少了一个“侯田芳”。

到了黄石，我们要去见大局长，人家不见，我们两个就在门口等。记不清了，估计有两个小时吧！不记得是在门口碰见，还是敲门进去的，赶紧向大局长承认错误，使劲承认错误啊！大局长说这事就这么定了。我们两个赖着不走。

你不走，我走。

大局长自己出门办事去了。

怎么办？事出有因呀。客户不会无缘无故替换我们的设备，还是我们的设备出了问题，那就先从解决问题开始吧。

于是召集力量对网络进行整改、优化。

大干快上，越快越好。

我就在黄石住了下来，侯总返回武汉继续寻求省公司的支持。

许高山留了下来。

白天干完活，晚上没有事，就找人斗地主，记得我赢了不少钱。

去年碰到许高山，已经是中兴教育谷总经理的他对此事还耿耿于怀。

中兴抓紧网络优化，UT Starcom 抓紧设备调试准备替换，大家互不说话，飙着劲干。

半个月后网络质量有大幅提升，省公司也做了些协调工作，气氛缓和了很多。在这种形式下，倪勤总以公司领导的名义，约见拜访黄石大局长，做网络改进工作汇报，客户勉强同意了。

倪总见了客户，首先承认以前对客户的关心不够，然后汇报最近网络的改进进展，最后提出对客户的损失进行一定的补偿。客户也看到了中兴的努力和诚意，勉强接受了中兴的建议。

黄石的网络终于保住了。

这个滋味不好受。我说："倪总，我们工作没做好，让您受委屈了。"

倪总说："这个不算啥，只要能保住黄石的网络，让我钻裤裆都愿意。"

天啊，这是一种什么样的情怀呀！韩信的胯下之辱，大概如斯。

客户反馈的问题一定要及时解决，我们不解决，客户就找竞争对手帮我们解决。

我们在做工作汇报时，好事不需要自己汇报，自有人会去汇报。领导表扬的时候，就说哪里哪里，谦虚一下效果更好。

对问题一定要自己汇报，并及时解决。如果让别人去汇报，还不知道说成啥样了。

——王博语录

侯磊总及时汇报问题就是最好的案例。

从此与侯磊、许高山结下了深厚的友谊。每次见了侯磊总，都要他给我讲一段三国演义。

许总就是“感性”里的那位兄弟，现在在做一份教育产业（见后文“感性”）

大家都有了比较好的发展。

战成都

成都要招标了！这是中兴通讯采用移动核心网后的第一个省会城市招标。

我们立即成立了项目组，积极应对，分为客户关系、技术商务和售后工程服务三个团队分别展开工作，就是后来项目运作的“铁三角”，那时虽然还没有理论培训，项目组已经在不自觉地运用了。

王伟是成都处经理，任项目经理。为这个项目配了两位客户经理，覆盖不同层面的客户关系。

王伟，面黑，方头，长得很像张飞。喜烟，每天早上出门，西装口袋装两包三五，裤子口袋装两包三五，这是他一天主要的精神食粮。

王伟抽烟很少抽完整支，抽了半支就掐灭在烟灰缸里。有时没烟了，从烟灰缸里捡半支出来，接着再抽。

王伟喜思考，每次布置任务，一句“妈呀”开场，战略布置，一气呵成。为了避免信息失真，王伟让两个业务员单独向他汇报。这样保证信息的真实性，从信息的差异或一致中分析出有用的结论。

从客户信息了解到，迫于业务增长和与中国移动竞争的需要，成都电信上小灵通的愿望非常迫切。成都是西部省会城市的代表，人口众多，他们希望做一张网络质量好的网络，起到标杆作用。无疑中兴小灵通是客户心目中的最佳选择。

针对客户需求，在技术上，大家确定主要突出两点：大容量移动核心网和智能型大基站。这是建设优质网络的最佳技术，也是最大的潜在竞争对手 UT Starcom 所不具备的。

展示也很重要，我们把中兴的智能型大基站与 UT Starcom 的普通小基站，做了对比测试，让用户真正感知到两种技术的优劣性，一个是小灵通中的劳斯莱斯，一个就是桑塔纳。我们也做了软件仿真，可以形象地看到基站的信号是如何随着用户移动而汇聚的。用户移动到哪里，智能型基站就会把哪里的信号增强。

这些工作是非常有效的，我们确认在同等商务条件下，成都电信一定会选择中兴的小灵通。

最大的变数只有一个，那就是商务价格。UT Starcom 采用小基站组网，他们的报价往往是我们的一半。如果我们的报价能与 UT Starcom 一样，客户一定会选我们的产品。如果我们的价格比 UT Starcom 价格高一点，客户就有了选择竞争对手的理由。

至于高多少是客户可以接受的，完全在于客户关系。

公司虽然急需一个大城市的样板点，但也不希望亏钱做这样的项目。我们还得寻求其他办法。

京瓷是中兴与朗讯的基站供应商，但我们两家加起来还没有 UT Starcom 一家的份额大。这个差距也主要来自于一些大项目。在成都项目上，我们就主动邀请京瓷参加。鉴于这个项目的重要性，京瓷也愿意深度参与其中。最后京瓷决定愿意免费提供 500 个基站用于商务竞争。这是巨大的商务支持，因为这个项目的总规模也就 1200 个基站。这是绝密，仅有我与成都处经理王伟知道。

兵不厌诈，我们对外口径是商务压力大，在商务价格上我们做不过 UT Starcom。中兴很悲观，估计没戏。

万事具备，就等交标了。这时意外发生了，信息产业部下发了一个文件，并有当时信息产业部部长吴基传的签字，要求中国电信暂停小灵通的建设。

在这样的政策形势下，中兴反而迟疑起来。担心信息产业部的文件会影响中国电信的小灵通建设。悲观地想，网络建设了，最后可能款都收不回来。

中兴报价一个多亿，价格比 UT Starcom 高了一些，客户与我们商务谈判，让我们降 2000 万元，项目就给我们。按这个价格实际亏损 2000 万元。基于上面的政策判断，中兴还是放弃了。

四川人比较彪悍，就像川军打仗一样，稍一迟疑后就坚持上马了成都的小灵通项目。

事实证明，两个月后，全国再次掀起小灵通的建设新高潮。

UT Starcom 在成都小灵通项目上，通过扩容累计实现了十多亿的销售收入，赚了个钵满瓢满。

中兴错过了建设大城市小灵通最佳样板点的机遇。我们拿下第一个省会城市合肥，那是将近一年以后的事情。

这是中兴小灵通经营史上最大的失误。

这个项目的关键时期，我正在参加公司的第一期管理干部培训班，不让打电话，沟通也不方便。

后来听说另一种说法，我们判断即使不降价 2000 万元，成都电信也会选择我们。

如果是这样，失误就更大。

总结：关键事件，不要追求完美，达成自己的基本目标更重要。追求完美，有时就是吹毛求疵，离失败也就不远了。

——王博语录

（文中成本非真实数据，特此声明。）

拿根棉线连起来

曾学忠赴任云南省经理的第二天，云南就启动了小灵通的建设。虽然新官上任，凭借个人能力和西南片区良好的市场基础，我们还是拿下了云南最重要的项目——玉溪小灵通。

移动业务是中国电信永远的情结。只要有一条缝儿，他们就会挤进去做移动业务。在文山与红河的小灵通项目招标时，以这两个城市业务往来多为由，客户提出，如果中兴能够在一个月内实现文山与红河的互联互通，客户就把这两个项目给我们。

所谓互联互通，其实就是漫游。

那时中兴小灵通的核心网还是采用接入网的架构，移动核心网还没有开发出来。两个城市间的互联互通需要重新开发。

曾学忠把这个需求，电话里给接入事业部总经理倪勤做了汇报。倪总让我组织项目经理等核心成员讨论，如何实现这两个城市间的互联互通。

目标：互联互通，一个月实现。

让我们先讨论，他一会儿再过来。

大家先讨论技术方案，然后是开发时间。

结论是，技术难度大，即使实现，性能也没有保证，没有3个月也开发不出来。

我着急呀，就悄悄跑出来到倪总办公室，把讨论的不乐观情况做了汇报。倪总说，没关系，你先去，我马上过来。

我们正在讨论着，就听见会议室的门被咣的一声踹了开来。倪总怒气冲冲地走了进来，大声说道："连不起来，你们拿根棉线也得把它连起来！"绕着桌子转了一圈，悻悻地转身走了，随着一声咣的关门声。

大家惊讶，面面相觑。

领导生气了，后果很严重。

开始重新讨论，慢慢地发现竟然有办法在一个月内实现文山与红河两个城市间的互联互通了。

大喜，到倪总办公室汇报新进展。

倪总亦喜。

我问倪总，"你怎么知道在一个月内可以实现文山与红河两个城市间的互联互通的？"

倪总说："我也不知道。但我知道，我这样说还有可能实现。我如果不这样说，肯定实现不了。"

当然，我们中标了文山与红河的小灵通项目。

在浙大的时候，上胡上序教授的《神经元网络》课。胡教授是浙大知名教授，专业是控制理论，但职务是管理学院的院长，也不知道他这院长是怎么当上的。因为感觉像错配，所以一开始就蒙上了一层神秘的色彩。

1996 年上课，所有的老师都还是在黑板上板书，辛苦地码字，胡教授已经在用胶片投影了。把每次的更新和重点都用不同的颜色标注出来。省力又美观。

那时还没有电子投影仪。

胡教授上课，仅上第一节课和最后一节课，中间的课都是他的助理上的。在第一节课上，胡教授讲了神经元网络的起源、发展和当前的进展。最后一节课，胡教授主要讲当前研究的热点和未来的发展方向。

神经元网络起源于模拟人的大脑实现人工智能。人的大脑大概有 890 亿个脑细胞，这些脑细胞结构都非常简单，大脑之所以这么智能，完全靠的是这些脑细胞之间联系的突起。这些突起的不同强度就代表了我们存在大脑里的知识。

于是科学家们就想，是否可以仿照人脑的架构，设计一个神经元网络，达到人同样的智能。

如何来证明神经元网络具有人类的智能呢？就是通过后天的学习，神经元网络可以拟合输入-输出之间的任何一条曲线。

神经元的设计初期都采用的是线性函数，大量的实践表明，这样的神经元网络可以拟合大部分曲线，一时神经元网络变得很热。

这时候神经元网络界的一位大咖出现了，属于神经元网络最有影响力的大人物之一。他从原理上证明这样的神经元网络是不可能拟合输入-输出之间的任何一条曲线的。也就是说，这样的神经元网络是不可能达到人类一样的智能。此语一出，整个神经元网络领域的研究沉默了 20 多年。

直到一个新秀出现，证明如果把神经元的线性函数换成非线性函数，这样的神经元网络就可以拟合输入-输出之间的任何一条曲线了。也就是说，这样的神经元网络可能达到人类一样的智能。此语一出，神经元网络的研究又火起来了。

去年战胜世界围棋冠军的 Alphago 就是采用神经元网络的架构。

在神经元网络最后一节课上，胡教授总结说，有一个著名的定理（见通信卫星奠基人克拉克著《2001：太空漫游》）：名人说一件事可行的时候，这件事一定是可行的；名人说一件事不可行的时候，这件事未必不可行。

倪总的操作理念，与胡教授总结的定理有异曲同工之妙。

我们要为成功找方法，而不要为失败找理由。

——王博语录

干死它

市场是前台，他们的故事精彩靓丽，但他们的精彩表演完全靠后台默默无闻的苦逼研发。

我们再来讲讲研发的故事。

小灵通网络建设的主要投资在无线上，网络的成本与网络的性能都是由一个个基站决定的。

中兴采用的是智能型大基站组网，网络质量好，但是成本高。UT

Starcom 采用小基站组网，网络质量差，但是成本低。在中国，低价往往是第一生产力，很多客户选择了低价的 UT Starcom 作为合作伙伴。

松下是 UT Starcom 的基站供应商，在日本生产，松下又要赚取利润，与生产成本比，UT Starcom 基站的市场定价还是要高很多。

好呀，你不就是便宜吗？我们就整个更便宜的。UT Starcom 从日本采购小基站，我们就自己研发小基站，以毒攻毒。你知道的，中兴的优势就是研发能力强。

用低成本战胜对手的低成本，干死它。

UT Starcom 获得中兴自己研发的信息后，从他们内部资料可以看到，被吓个半死。

我们的小基站研发项目，轰轰烈烈上马了。邓杰任项目经理，蓝善福负责射频，刘宏春负责软件，方为负责硬件，一个 30 人的队伍迅速组成了。

大家都信心满满……

夜以继日……

产品早一日上市，就相当于早一天开了一个印钞机！

小灵通不是通信的主流产品，器件选型就是第一大难题，没有合适的器件可选，只能想办法克服。

小灵通不是主流标准，协议标准不完善，只能想办法克服。

这个团队是当时加班最多的。研究所为他们制定了特别政策，后勤保障特别好，吃的喝的，应有尽有。

然而，准备 8 个月上市的产品，12 个月也未能研制出来。

整个产品是失败的，一直问题不断，没有形成规模销售。

事后总结，原因如下：

1. 犯了经验主义的错误。在小基站天线选用单接收还是双接收的方向上，项目组选择了容易实现的单接收。双接收与单接收相比，实现起来技术上有难度，但性能上有优势。项目组判断单接收对比双接收，性能影响没有那么大。

后来证明这是一个严重的决策错误。后期改为双接收后，性能有了大幅度的提升。

2. 未规模应用。我们一直担心小基站组网的问题，一直对网络质量不满意。总是拿小基站的网络质量与大基站的网络质量做对比，而不是与同样采用小基站的 UT Starcom 网络质量比，对标的对象就选错了。再加上小基站出现的切换多等问题，一直未敢采用小基站组一个全面的网络。缺少一个小基站的商用网络，我们就缺少了一个发现问题的现场，就缺少了解决问题的压力和发现问题的机制。

3. 客观上，大基站、小基站混合组网就存在问题，现在到 3G、4G 这个问题也没有解决。大、小基站混合组网的场景，往往是大基站用于覆盖，小基站用于室内补盲。大基站的信号强，用户很难切换到小基站上。

现在看，当时我们决策单独用小基站组网更好些。

本想干死它，结果自己被累个半死，还啥也没捞着。

再干一次

看来小基站是不灵了。

我们还得另寻出路。

于是项目组决定开发 200 mW 的基站。

大家都信心满满……

夜以继日……

产品早一日上市，就相当于早一天开了一个印钞机！

半年后产品出来了。

吸取上次的经验教训，这次我们在福建龙岩开了一个单独用 200 mW 基站组网的大规模的试验局，内部用于解决问题，外部用于客户展示。客户已经习惯 500 mW 基站提供的服务，现在享受 200 mW 基站提供的服务，总觉得网络质量达不到自己的心理预期。就好比每顿吃燕窝的人，让他改吃玉米窝窝头，肯定一百个不愿意，只要他口袋里还有钱，就会继续吃燕窝，更不用说有钱且这钱不是自己的。

200 mW 基站在龙岩试验局后，就再未推广过，注定这又是一个失败的项目。

总结：

这个项目的立项不严谨，我与市场人员没有参加这个项目的立项评审，中间市场人员提出过反对意见，未重视，未能及时调整产品目标。在产品定义时，重点考虑了我们的研发能力，而没有关注客户需求。做了一个我们能做的、客户不需要的产品，注定就是个失败。

一二三四，再来一次

20 mW 小基站和 200 mW 大基站的研发是失败的，都未获得客户认可。

当然也未获得市场成功。

显然不是工作不努力，这个项目的人均加班时间是公司最多的。

现在看，错就错在产品定位上，没有做客户需要的，而是做我们能做的。不用说做不好，做好了也没用。

立下宏志

随着时间的推移，个人的眼界也在逐渐提高。原来认为不可能的事，一件件地在周围都实现了。

中兴创业开始，做容量500门的交换机，业务欣欣向荣，客户拿着钱、开着车等着提货。在这种大好形势下，公司决定投入万门交换机。虽然很多人不看好，结果也成功了。原来西方厂家垄断的交换机市场，“七国八制”市场竟然被中兴、华为这样的产品所替代了。在传输市场上，从155M起步，到2.5G，容量越做越大，市场占有率越来越高。原来认为移动产品难度大，结果产品也自己研发出来了。移动产品虽然没有规模突破，但农村包围城市的趋势不可阻挡。

1998年我加入中兴通讯的时候，也定了一个小目标。一个月工资4800元，计划每月存款3000元，这样一年就是3.6万元，十年就是36万元，这样在上海就可以买套房子了。

事情发展得太快，这个小目标工作2年后就实现了。

2000年前后公司的发展速度远超乎想象。

我决定重新思考人生。

站在井冈山上毛主席抽烟的地方，思考这未来的中国会走向何方？

看着绵延的巍巍昆仑，熙熙攘攘的芸芸众生，我当时觉得，中国是世界的，世界也是中国的，最终世界是中国的。

因为：

1. 中国地大人多，有巨大的消费市场。这么多人，赚每人1块钱，你就是10亿的富翁。一个产品在中国成功了，就表示你在全球1/4的人口中成功了。巨大的消费市场给中国企业创造了良好的条件。

如果你是一个毛里求斯人，完了，即使你的产品举国受欢迎，也就50多万粉丝，还没有以后“文字不灭”一个公众号的粉丝多。

2. 中国大学培养了庞大的技术工作者。从20世纪70年代恢复高考，高校招生一年比一年多。2001年高校毕业生人数114万，2017年高校毕业生人数795万。这么庞大的技术人员，想招什么样的人招不到？以后种地的都是大学生。

3. 中国不少人爱财胜于爱命。他们评价一个人是否成功，主要看他赚了多少钱。至于为社会做多少贡献，不关注。在北方更明显，好多男人在家不用做饭，不用做家务，也不用经常回家陪老婆。主要职责是在外面混，把钱混回来就是好丈夫。

我就是北方人，可惜娶了个南方老婆。

4. 中国人信仰多子多福。在中国是，出了国也是。中国海外华侨4000万，这是一个庞大的数字。其中在美国的华人300万，占美国人口的1%。现在是比例小点，但是问题不大，因为白人不愿意生，而中国人愿意。用不了100年，华人就可能选举一个华人总统出来。

美国的，也是中国的。

5. 中国人勤劳。凡是人多资源少的地方，人都比较勤奋。中国人是，犹太人也是。在欧洲，白人的超市，往往周末就关门了，因为他有宗教信仰，周末要去做礼拜。大多数中国人啥也不信呀，所以周末就继续开超市。欧洲人觉得自己的工作机会被中国人抢了，于是他们就游行示威，甚至打砸抢。但他们不说中国人抢了他们的生意，而说中国人周末还在赚钱，干嘛不去做礼拜啊？中国人说，我们怎么不做礼拜？你们信的是耶和华，我们信的是钱呀。我每天辛苦工作拼命赚钱，就是在做“礼拜”啊！

（用我儿子的话说就是，这也行！）

在井冈山上，我明白了，中国的崛起是大势所趋，不可阻挡。

到具体的产品上，我们有钱有队伍，日本人做到的，我们要做到；日本人没有做到的，我们也要做到。

做就要做全世界最好的基站!

产品规划

我在西班牙总监办任总监的时候，有一个客户叫 Luis Miguel。Luis Miguel在西班牙电信做过很多个岗位。做过负责技术的 CTO（Chief Technical Officer，首席技术官），做过负责运营的 COO（Chief Operation Officer，首席运营官），做过负责市场的CMO（Chief Marketing Officer，首席市场官），还做过负责采购的 CPO（Chief Purchasing Officer，首席采购官），而且每个岗位做得都很不错。现在他是西班牙电信本土的 CEO（Chief Executive Officer，首席执行官）。

有次我就请教他，“Luis Miguel，为什么在每个岗位上你做得都这么好?”一方面是虚心向他请教，一方面是想拍拍客户的马屁。

没想到 Luis Miguel 一本正经地和我说：

“Scott，这个世界上其实所有的事情都差不多，我到每个岗位上都要做四件事。首先我会问在业界谁是最好的?找一个标杆，Benchmark，确定努力的目标。第二步，分析现状，找出现状与目标的差异，Difference。第三步，制定行动计划，Action Plan，明确做哪些工作缩小与标杆的差距。第四步，跟进，Follow Up。加强执行落地。”

精辟!

我在中兴也做了四五个岗位，从产品研发、产品经营、市场销售到子公司总经理，在每个岗位上我组织团队，都会一起回答三个问题：

- Where To Go? 我们的目标是什么?
- Where Are We? 我们的现状是什么样子?

• How To Be？如何达成行动计划？

这些方法论与 Luis Miguel 的方法论异曲同工。

2002 年，我还没有遇到 Luis Miguel，自己的三个“为什么”也还没有总结出来，但我觉得，做就一定要做全世界最好的基站。

要做世界上最好的基站，我们首先要回答一个问题，什么是世界上最好的基站？

我们列一个清单，看看世界上有哪些基站，各有什么优缺点。

1. 20 mW 小基站。这类基站功率小，覆盖小，切换多，成本低。这类基站我们已经做过了，证明是失败的，不考虑。

2. 200 mW 大基站。不说了，前文讲过，说起来都是泪。

3. 500 mW 增强型大基站。这个很有意思，多讲几句。

中兴通讯的无线网络采用 500 mW 大基站组网。一开始采用的都是 500 mW 智能型大基站，网络质量好，但是成本高，与 UT Starcom 竞争没有成本优势。于是我们决定引入不带智能天线的 500 mW 大基站，以降低整个网络的建设成本。一个是带智能天线的大基站，一个是不带智能天线的大基站，没法给客户讲呀。如果给客户讲有带智能天线和不带智能天线两种基站，客户一定会说我要智能型大基站，同时要不带智能天线大基站的价格。死路一条，这个方程我们解不了，决定去请教我们 Marketing 的鼻祖事业部总经理倪勤总。

倪总想了想说：“不带智能天线的大基站，我们要起个好听的名字，叫增强型大基站。因为它每个天线的发射功率有 500 mW。”

估计技术功底不强的选手，到这里就看不懂了，我再稍作解释。

智能型大基站和增强型大基站都有四根天线。其实它们的天线都是一样的，不一样的是基站本身的算法。智能型大基站有智能算法，增强型大基站没有智能算法。智能型大基站每根天线的输出功率是 125 mW，增强型大基站每根天线的输出功率 500 mW，但智能型大基站的覆盖更大。

对，没错。

这就是智能算法牛的地方。

没有专业的知识，确实分不清楚智能型大基站和增强型大基站哪个好。

倪总高呀！

这就是 Marketing 的最高境界——吹牛不撒谎。

这是中兴高达首席科学家吕其恒总结出来的。

其实真正的专家都是会吹牛的，因为你不会吹牛，就吸引不到资源，也就不会成功。也许你会说，某某专家也很低调呀。错！那就是他的人设定位，低调就是高调。

实际上增强型基站不是最好的技术。不考虑。

4. 智能型大基站。这个好，前文讲很多了，不再赘叙。一个缺点，就是成本高。

到这里，答案就清楚了，什么是世界上最好的大基站呢？

那就是低成本的智能型大基站。

资源配称

做智能型大基站，必须在智能算法的关键技术上实现突破。我们自己人没有这个技能，就不要在智能算法上浪费时间了。京瓷自己的智能算法，也不是自己开发的，他们采用是美国 Arrycom 的智能算法。

我们也决定走对外合作的道路。

估计 Arrycom 与京瓷签的有独家合作协议，我们计划去联系看看。还没行动呢，就有人在我们瞌睡的时候送了个枕头。

日立来了。

日立在日本的小灵通建设中也是主力供应商，但是他们考虑进入中国市场的时候，已经晚了。努力了很长时间，市场份额还是零。

中兴有两个供应商，京瓷和三洋。京瓷是智能型大基站，三洋是智能型大基站和增强型大基站。引入三洋做供应商，主要是为了平衡京瓷，降低成本。但事实上一段时间后，这两家已经达成了一种默契，再想降价也很困难了。于是我们决定再引入第三家，日立。

日立为了成为中兴通讯的供应商已经努力了很久。

引入日立，中兴仅有一个条件：价格。

最后日立同意了，我们与日立的合作就开始了，但仅同意引入了他们的增强型大基站。

这样，在智能型大基站和增强型大基站方面就各有了两家供应商，达成了相互间的竞争和平衡。

当日立知道我们要开发智能型大基站的时候，日立表达出了极大的合作热情。

与日立的成功合作，日立公司中国负责人金陵先生功不可没。

基站合作开发是一项极其复杂的事情，为了控制合作开发基站的成本，做出最有成本竞争力的智能型大基站，决定合作总体以中兴通讯为主，日立提供智能算法。

我们组织了最强的团队进行了以下评估：

1. 基站性能的总体目标。

2. 基站主体与智能算法间的接口，确定双方的分工界面。

3. 智能算法的硬件主体，由哪方负责。为了控制成本，决定智能算法硬件主体还是由中兴通讯负责。

4. 商务。这样的合作一旦确定，日立就是独家供应商。为了避免日立以后漫天要价，在合作协议中明确规定了以后不同数量下的阶梯价。在软件上设置 license，根据 license 计费。

虽然还有些技术成员热衷于自己开发，但从前面的开发已经证明我们单独做是做不好的。在很多反对声音的情况下，我与移动事业部总经理叶卫民毅然决策与日立合作开发。

目标：做世界上成本最低、性能最好的智能型大基站。

途径：与日立合作，解决关键技术瓶颈。

人员：从过去近两年的教训来看，我们现有团队的能力和人数都急需增加。人才不能局限于移动事业部内部，要从全公司范围内汇聚最优秀的人才。

侯为贵总裁亲自参加项目的启动会议，为项目配置资源。

西安研究所来了近 20 个人，其中有：

郭青，无线专家，任项目经理，为项目成功起了决定性作用。后来成为中兴手机事业部西安研究所所长。

李香玲，射频专家，一个精瘦的姑娘，判断问题的眼光很犀利。后来成为公司射频领域的最高级别专家。

王文杰，中兴通讯第一个博士后，主要研究方向：智能算法。在完成项目后，返回西安交通大学，现在是教授、博士生导师。

当然还有我们原来的优秀团队成员：邓杰、蓝善福、刘宏春、沈建达和方为等。现在他们都已经是中兴通讯的核心管理干部或技术专家。

特别要提一下谢建良博士。谢博加入基站开发团队比较晚，一开始没有找到合适的岗位，他就到生产线抓试生产，所以我也不怎么认识他。有一天到实验室转转，李香玲讲有一个谢博可厉害了，原来基站改版本要三个步骤，谢博总结出一个新方法，一个步骤就搞定了，该方法被称为谢氏“伏虎三拳”。

这么厉害!? 那我一定要见见。

一见如故，果然非同凡响！

谢博后来历任项目经理、GSM产品副总经理，现在做投资了，是中兴创投的合伙人。

据说，现在中兴创投的收益在深圳众多的投资公司中已经排前三名了。

从中兴创投出来一个分支，叫容亿投资，董事长是黄金平先生，这个投资的偏好是投的公司更靠前一些。在多个领域投得也很不错。

我的余钱都交给了这两个公司在打理。

中兴创投的特点是稳健，容亿投资的特点是进取。都不错。

多数博士都有过人之处，要么有才，要么有病。我觉得自己是兼而有之。

——王博语录

言归正传。这些来自不同地方的团队，展开了思想的碰撞与合作。

没有周六、周日。

西安的团队背井离乡，从西安到上海，两年时间，来了就未曾离开，直至项目成功。

乌镇的广告（乌镇，来了就未曾离开），估计是从我们这里拷贝的。

大家都信心满满……

夜以继日……

产品早一日上市，就相当于早一天开了一个印钞机！

面对质疑

研发的难度是巨大的。

虽然，

大家还夜以继日，

但不再信心满满。

最大的难点还是在智能天线上。首先这个技术本身就是一个世界难题，能把性能做好的公司，全球也就两三家。再加上与日立的合作，出于技术保护，日立不愿意开放细节，对中兴开发团队来说，智能算法就是一个黑盒子，只知道输入输出，而不知道其内部机理。所以双方合作的间隙就很大，好在有王文杰博士，还能对其工作原理略猜一二。

时间飞逝，项目延期了。

市场建设，如火如荼，发货供不上，成本降不下。

市场人员开始失去耐心了，技术团队开始动摇了。

我们干嘛要选做智能型大基站？为什么不做一个增强型大基站，否则早就研发出来了。

我们为什么要与日立合作？我早就说过，这种合作是不会成功的。

I told you before...

意见不一致的人意见永远不会一致，通过强权达成的一致只是表面的。意见不一致的人的内心总在找机会证明自己曾经的观点。

——王博语录

总部也失去耐心了，侯总也有些怀疑我们做智能型大基站的必要性。

一次公司会议结束后，侯总问负责国内市场的田文果总，在国内市场是不是一定需要智能型大基站？

听到这个事，我作为第一决策责任人，压力有多大，别人感受不到。小基站错了一次，200 mW 大基站又错了一次，再一再二不可再三，这次如果失败，我在中兴的职业生涯也就结束了。

当然，作为移动事业部的老大，叶卫民总也逃不了干系。这事就是我们一起鼓捣的呀。

侯总管理上一直强调两个“深入”。深入客户，深入员工。认为这是发现问题、解决问题的根本方法。

我觉得这就是毛主席“从群众中来，到群众中去”的企业版。

其实书读百本，不如读懂一本。明天去买本毛选看看。

侯总有些着急了，自己脱不开身，就委托他的助理到上海移动事业部了解实际情况。

深入员工。

大家一通汇报，总裁助理听得云里雾里，觉得我们工作很努力，效果很一般，具体怎么干，他也不敢定。

估计在深圳那头的侯总也被他的汇报弄得云里雾里了。

算了，我们还是开个电视会议，Face to Face，面对面。

汇报重大呀，我与叶总还是做了充分准备，要把真实的情况反映给领导。

我来汇报，言简意赅：

1. 项目延误，给公司造成了重大损失。印钞机没有造出来，每个月公司少赚一个亿。

2. 关于做智能型基站的必要性。用所掌握的各种材料和数据，说明做智能型基站是唯一正确的选择。

3. 虽然面临困难，我们没有失去信心，汇报了解决问题的方法和计划。

然后坐等侯总发飙。

侯总听了我们的汇报，简单地说了三点：

1. 王守臣已经认识到了印钞机没有做出来的严重性。

2. 大家很辛苦，还是要再加一把劲。

3. 既然是产品研发，允许失败。(最重要的是第 3 点)

重要的话说三遍：

既然是产品研发，允许失败。

既然是产品研发，允许失败。

既然是产品研发，允许失败。

这哪像一个公司总裁说的话呀，只有慈祥的家长才会这样对待自己的子女。

无法报答公司对我们的信任，唯有……

大家充满信心……

夜以继日……

产品早一日上市，就相当于早一天开了一个印钞机！

2018 年 3 月 16 日，广州白云机场，写到这里，想起当时的压力和自己的委屈，禁不住潸然泪下，泣不成声。

中兴，我们曾视你为生活的全部。你，可曾还记得这位落寞英雄？

浙大千年，校志上会有我的名字。

中兴百年，可还会忆起我们这些兄弟？

打靶归来

静下来，我们一起开个民主生活会，讨论一下我们现在到底面临的是什么问题。

这是一个很漫长的过程。因为大家很苦，都有很多话要说。

讲什么不重要，关键是让大家把委屈给发泄出来。

讲什么很重要，因为从不对称的信息中，可以发现问题，找出解决问题的方法。

会议纪要总结如下：

1. 沟通。沟通是最大的问题，日立的团队在日本，中兴的团队在上海，一个说鸡语，一个说鸭语。鸡同鸭讲。

2. 信任。对方是一个黑盒子，所以总是怀疑对方出问题。

针对这种倾向，我发表了自己的观点：

1. 我们的工程能力没有日立的工程能力强，日本人干活非常严谨，所以不要轻易怀疑对方的问题。

2. 日立有成功经验，我们没有。日立做我们的基站分分钟的事情，我们不需要遮着掩着，我们可以透明地给对方看。首先我们这边要透明化。

3. 日立也做了很大投入，项目不成功，他们一毛钱的收益都没有。只要我们态度好，他们一定会帮助我们。我们成功了他们才会成功。

4. 关注我们认为一定不会出问题的地方。

在浙大《神经元网络》的最后一节课，胡上序教授还有一个总结，有一个著名的定理（名字我记不清了）：你以为会犯错误的地方一定会犯错误，你以为不会犯错误的地方也可能会犯错误。

后来证明中兴与日立双方都有问题，而我们的问题恰恰发生在我们认为不可能发生问题的地方。

胡教授厉害，五年前就预测了要发生的事。

决议：我们首先要从组织上改变自己。我们组织了一个近 20 人的团队，到日本日立去办公，Side By Side，解决沟通问题，一起想办法。

组织决定行为，行为改变结果。

——《第五项修炼》

这是中兴通讯最敬业的执行副总裁邱未召推荐的书，对我的工作影响很大。

为什么说邱总是最敬业的呢？因为邱总生活只有两种状态，要么在上班，要么就在上班的路上。

在去日本的誓师大会上，我们庄严承诺：

问题一天不解决，就一天不踏入中国领土。

一去快两个月，他们真的回不来了。

我决定去日本看看他们。

到日本一看，现状与北海时差不多。

所以，先别谈工作了，我们还是大块吃肉、大口喝酒的好。

宣泄一下，干杯！

席间沈建达给我们唱了闽语版《爱拼才会赢》：

一时失志不免怨叹

一时落魄不免胆寒

那通失去希望

每日醉茫茫

无魂有体亲像稻草人

人生可比是海上的波浪

有时起有时落

好运　歹命

总吗要照起工来行

三分天注定

七分靠打拼

爱拼才会赢

凄切中催人奋起。

以后每次遇到沈建达，都要要求他来一个原声奉献。

印象中大家都没醉，一起泡了个温泉。

我们住的小酒店，虽然不大，温泉不错，男女分开的那种。

后来我们也去过一个男女混浴的温泉，大家都拿一个小手帕遮住关键部位，其实什么也看不见。

姑娘年纪都不大，年纪轻的也就 50 多岁吧。

回来觉得自己吃了那么大的亏，恨不得扇自己两个大耳光。

草堂昏睡足，

窗外日迟迟。

大梦谁先觉？

平生我自知。

怎么又是这首诗？

因为在我人生中仅会四首诗。

教育儿子时，朗诵“锄禾日当午，汗滴禾下土。”

送友人时，朗诵“桃花潭水深千尺，不及汪伦送我情。”

与心爱的人在一起时，朗诵自创的“两人若是有情时，就在朝朝暮暮。”

喝醉酒醒时，就朗诵上面那首。

人生就是四首诗，活得简单点。

酒醒之后，已经日上三杆。伸一个懒腰，念一首诸葛亮的诗，我们还是开始干活吧。

我们首先去了实验室，大家干活的地方。日立对我们的员工非常关照，夏天热，给大家准备了一箱一箱的矿泉水。大家拿来就喝，放在一起，一会儿就不知道哪瓶是自己开的。嫌别人的嘴巴臭，于是再开一瓶。这样一天下来，实验室全是半瓶半瓶的水。日立的员工打扫卫生的时候，只好扔了。

我觉得这不行，在日本人面前我们要显示出中华民族的高素质，于是就要求每个人喝的水必须写上自己的名字，喝完一瓶才能再开一瓶。

事情虽小，日本人还是注意到了，觉得我们团队的素质高起来了。

虽然要求我们要对日本人开放，实际上具体的开发人员还是不舍、不敢。我就逼着大家这么去做。每天与日立的开发团队开对接例会，分析问题，制定计划。把计划和进展在墙上贴出来，让中日双方的团队都能看到。

日本人很惊诧，中国人怎么也会这一套？嘿嘿，在北海的时候有一位日本师傅教过我们。

要工作也要生活。

实验室旁边就是一块农田，农田旁边有一条河，我们饭后经常去散步。河里有很多鱼。由于日本人不吃河鱼，所以这里鱼山鱼海，见了人不知道躲，还跟着人跑。拿雨伞一下子打下去，鱼就死伤一片。

没有锅，所以还是不杀生了。

不杀生，菩萨也会保佑我们的基站早点好起来。

射频专家李香玲注意到一个现象，一个微不足道的现象。我也不太懂，反正问题解决了大家很兴奋。谢博好像贡献也很大。

苦逼了几个月的问题解决了。

全世界最牛的、成本最低的基站就这样“炼”成了。

归心似箭，打道回府。

且慢。

我们还是开个民主生活会吧。每人三分钟，总结一下在日本两个月的感想。

什么都可以谈。

日本人就不要参加了吧。

每个人讲完，我们自发地热烈鼓掌。

日本人在外面听着实验室一会儿一阵掌声，一会儿一阵掌声，不知道发生了什么事，偷偷地从门上的玻璃窗往里边看。

那天，很多人都哭了。

估计大家都不会忘记。

撤退。

这是胜利的撤退。

我们的团队站成一个队列，20 多人，颇为壮观。与日立友人一一握手告别。

保持队形，不要乱。

身后传来日立友人欢送的、发自内心的、经久不息的掌声。

天特别的蓝，眼光特别的明媚，队形特别的整齐，心情特别的好，我们合唱一首歌吧：

日落西山红霞飞

战士打靶把营归，把营归

胸前的红花映彩霞

愉快的歌声满天飞

……

歌声嘹亮。

我们终于造出了自己的“印钞机”。

少赚一个亿

在您的人生当中有多少回忆是关于物品短缺有钱也买不到的?

在中兴发展史上有两次。

一次是500门交换机，客户拿着钱、开着车等着。

另一次是小灵通手机。由于小灵通物美价廉，又能移动，用户对小灵通表现出了空前的热情。很多城市，小灵通一开始放号，用户会排两公里的队等待购机。

有的客户待在生产线，见到手机下线就抢。有的客户约见中兴公司高层领导，通过高层施压。记得有一次，一个客户为拿到小灵通手机，见到朱犇总就要下跪。当然没有跪下，把朱总吓坏了。

我想他当然不会下跪，是个国家一级演员。

其实下跪也算一种营销方式，特别在中国这个讲究上下级观念的社会里。

很多人看到了小灵通的商机。有一个广西的老板，去日本买下了健伍库存的20万部手机，20美元/部。不管能用不能用，全部买回国内。到了国内才发现，因为没有烧号器用不了。

广西老板找到我，希望我能帮助他开发烧号器。我看了一下，一是觉得有难度，二是觉得这事不符合公司价值观，就拒绝。一个月后，他没有开发出来，就找我，希望按 20 美元/部价格卖给我。我当然没有要。再一个月后，有人帮他们开发出了烧号器，800 元/部，一售而空。

就这样，我完美地错过了人生中的第一个 1 个亿。

为什么当时会那样想呢？

1. 觉得在公司的岗位上，不符合公司价值观。

2. 觉得自己不应该有这么多钱。发财致富是别人的事。穷人家的孩子多数没理想。

如果放到现在，绝不错过。

第一次出境

2000 年第一次出境，去的是香港，参加电信展。那是国际电信展第一次在香港举办。公司效益好，一为拓展员工视野，二为员工福利，公司就组织优秀员工与管理干部到香港参加电信展。半天看展会，更多的时间是观光，两天半。

十几辆大巴，蜿蜒迤逦前进，颇为壮观。

我们到香港，是刘姥姥进大观园，一百个没见过。

到香港后换上当地的旅游车，我们车上是一位很漂亮的导游。导游宣布了几条纪律，大意是要一切行动听指挥，并明确告知大家，导游是收小费的，每人最低不得少于 100 元，这是旅游公司的政策，是导游收入的主要来源。

这个导游不错。人漂亮，讲得也很精彩。说李嘉诚的车牌是6666，殡仪大王的车牌是4444，成龙大哥就住在我们刚路过的房子里，每周成龙大哥会到海边的沙滩散步，很多龙女郎就是成龙大哥在海边邂逅的，你们也可以去试试运气。

导游讲了香港最有名的产业就是手工业与珠宝业。当年某位总统访问香港的时候，因为绯闻事件，夫人一直与他闹矛盾。接待方见这位夫人闷闷不乐，就送她一颗名为“时来运转”的项链。项链的坠子，用手轻轻一碰，就会快速旋转起来，寓意给人带来好运。第二天总统夫人带着这根“时来运转”参加了一个总统的活动，显得光彩照人。绯闻事件的女主角自惭形秽，败下阵来。从此，夫妻两个的感情生活重新走上正常轨道。

“看，就是我戴的这个。”导游妩媚地秀着自己修长的脖子，让我们这些土包们口水一地。

在离开香港之前，有一个项目安排就是去逛珠宝店，体验香港的先进珠宝业。大家都知道，这里面有猫腻，相互提醒要多加小心。

到了珠宝店，首先是参观了一系列高大上的珠宝，讲解员给我们做了精彩的讲解。转过弯去，琳琅满目的珠宝映入眼帘。

看着看着就有人买了，有人买了就有人跟了，既然跟了就有人抢了。最后大家满载而归，完全忘记了来时相互的嘱托。特别是那个“时来运转”，不知道被买了多少个。

估计大家脑海里，全是那位总统夫人，全是导游修长的脖子。

最后在回深圳的路上，导游开始收小费，还真有人拒而不交的。

我们一直在学习市场推广经验，感觉都没有这个导游做得好。

首先扯蛋，建立一个轻松的氛围，感觉我们都是一伙的。

其次，建立标杆，香港手工业是全世界最好的，给你以信心。

第三，不经意间推出自己的产品，“时来运转”项链。本质是推销，但听起来是讲了一个故事。什么都没说，但在听众中已经建立了幻想。

第四，充分利用自身的优势，修长的脖子。

第五，专业的讲解，名人效应，让购买者产生一种神圣的虚荣。总统夫人都买了，我们也买一个，就与总统夫人是一个“群”里的战友了。

第六，利用从众心理。现在想，里面买东西的人，估计很多人是托儿，前台买了之后就直接送到后台继续卖。

每当我无计可施的时候，想想修长的脖子，就会计从心来。

第一次去日本

因工作需要，2001 年第一次去日本考察。

当时出国还是一件很大的事情，是工作，更像福利。不会想到 5 年后，自己会在海外长期工作，海外出差就像去趟北京一样。

与我一同前往的还有叶总和李总。李总在负责 3G 产品，那时日本 NEC 等厂家的 3G 产品还是世界领先的，不会想到今天这些企业会衰落成这样，在通信业基本销声匿迹了。

我们入住酒店当天，看到酒店电视的频道有的“有料”，有的“无料”。有料的频道要收费，无料的频道不收费。李总是技术专家，打开遥控器后面的一个接口，输入“888”密码，就可以免费观看了。原来这是一个调试接口。把我佩服得不行。

“有料”的频道里都是些成人节目。

第二天，我们换了个酒店，同样的方式，我们又免费观看了“有料”节目。

在李总的脑海里就把有料与黄色划了个等号。有料等于黄色，无料等于普通。其实在日语里有料是收费、无料是免费的意思。

第三天，我们到了一个停车场，看上面写着斗大的两个字“有料”。李总非常感慨，日本就是不一样，停车场竟然也有成人节目！

京瓷公司的创始人是稻盛和夫，日本四大经营神之一。一生创立了两家世界500强公司——京瓷与KDDI（日本第三大运营商）。经营理念是敬天爱人。听起来很简单，觉得这个我也会呀，怎么就屁企业也没有创立一个。估计还是没有那么简单。

稻盛和夫晚年70多岁的时候，又被人抬出来，接手经营千疮百孔、巨额亏损的日本航空。听到这个消息，觉得这位老先生真是作死呀。结果一年后，日本航空竟然赢利了。不明觉厉，对稻盛和夫先生肃然起敬。

到京瓷的总部参观，去看了一下他们的展厅，产品没怎么看到，倒是看到许多世界名画，都是日本20世纪80年代高速发展期买的。

京瓷员工上班的第一件事是课长组织员工学习稻盛和夫的经营理念。大家站成一排，拿出一本稻盛和夫的语录，随便打开一页，每人念一段。

念的人没有一个想念的。

挺有意思。不知道现在还保留着这个环节没有。

京瓷就是京都陶瓷的简称。顾名思义，京瓷主要是做陶瓷的，现在很多陶瓷电容的原材料就是京瓷提供的。

机床的刀具也有很多是陶瓷做的。

京瓷的陶瓷很厉害，用陶瓷做的刀可以砍瓜切菜。陶瓷做的刀上飞机查不出来。我讨要了一把，现在还保存着。

如果哪天有朋友需要飞机上用，我可以借。

京瓷的文化就是重视高科技，做No. 1。像湖北人，吃就要吃好的，干就要干得漂亮。

日本还有一家更厉害的公司，Sony。他们的经营理念是 Only One.

听起来就高大上得不行。不过现在也被三星修理得够呛。

还是言归正传吧。整个接待过程朴实无华，一起讨论了一下技术与合作。

然后乘新干线从横滨到大阪，到三洋参观。三洋的接待那规格就太高了。

一到三洋的公司门口，远远看到三洋的 20 多位员工，热情洋溢地挥舞着五星红旗，高声欢呼："欢迎，欢迎，热烈欢迎"。部长带领我们参观了他们的办公室。一进去，上百号的员工整齐地全体起立，热烈鼓掌。差点让我们挥挥手，说："同志们辛苦了。"

本部部长西尾的办公桌就在员工办公桌的旁边，周边面积稍大一些。部长与员工，都是同一个办公室办公，这样便于了解员工动态，及时解决问题。

所以我觉得公司领导与管理干部，都不需要什么办公室。随时可用的会议室倒需要一个，可以随时与团队讨论问题。

我在中兴、海兴都坚持了这点。

现在自己创业，在 PowerWyse（派微电子）也没有独立办公室。

谷歌也是这样的文化。

然后我们到会议室交流。他们在会议室准备了一个印刷的欢迎板，感觉特别高大上。

估计国家领导人来也就是这个接待规格。

三洋的客户接待工作还是值得我们学习的，虽然略显夸张。客户到公司参观，是一次难得的长时间与客户深入交流的机会，一方面可以让客户对公司的产品增加更多了解，另一方面也可以利用这个机会，增加个人感情。项目能否成功，个人感情也是一个重要决定因素。

规划未来

一切都在走向正确的轨道，都像想象中一样美好。没有了忙忙碌碌，生活缺乏了挑战，知道该重新规划一下未来了。

一旦开始猪一样的生活，预示挨宰的日子也不远了。公司雇你就是来受苦的。

——王博语录

我姐夫在信用社工作，说80年代的时候，他们单位来了一个大学生，非常能干，修电脑修得非常好。三年后，联社有了一个科长岗位，有人建议，让这个大学生去。可是有人提议，这个大学生不能走啊，他走了，我们的电脑没人修了。于是这个大学生没去成，就失去了这次机会。又过了两年，新的机会又来了，还是因为没有人代替他修电脑，这个大学生又没去成。直到现在，这个大学生还在修电脑。

一个人想要提拔，必须要培养好后备，机会降临时，能说走就走。

——王博语录

选择后备，不要从自己的喜恶出发，要站在公司的角度来选拔人才。系统部副部长何赵钢有思路、有活力，是比较合适的人选，于是就与何总沟通，建议他放弃部长的岗位，屈尊到产品线做个市场总监，先熟悉起市场工作。

两人在世纪公园徒步半日，分析清楚了当前形势，以及未来的不确定性，何总就到产品线做了市场总监。后来顺利地被公司任命为小灵通的产品总经理。

很多管理干部不愿意培养后备，以为后备就是掘墓人。

确实如此。

要避免“长江后浪推前浪，前浪死在沙滩上”，培养后备的同时，还要做好自己的职业规划，这样才能“长江后浪推前浪，一浪更比一浪高”。

2003 年，我的选择是在中兴发展，方向还是产品经营。

在中兴最有发展前途的产品方向，我理解有两个：

一个是 3G，WCDMA，未来无线产品的发展方向。

另一个是，增值业务，这个最接近互联网的发现方向。

有事没事，先找点资料看看，做一些储备。

牛顿如果平日不思考，苹果砸在脑袋上，不会想到万有引力定律。

记职场第一位教练

倪勤总经理是我职场的第一位教练。在进入职场的初期，许明总、杨明总、阚玉伦总对我帮助都很大，倪总是我们的总教练，现在工作快 20 年了，我的工作方法 70％还是倪总的套路。

大学毕业时我们就像一张白纸，第一位经理就像一位画师。这位画师留下的痕迹，以后再怎么改变，也是大统已成。

倪总喜欢待在办公室。每天到公司很早，大概每天 7:30 就到公司了，周六、周日也不例外。没事了喜欢到处转转，大概他以为看到的比在办公室听汇报真实得多。倪总经常到六楼的实验室转转，如果看到实验室的人很多，就很开心。他觉得坐在办公座位上是开发不出好产品的。

倪总看到我，经常笑骂："你这个博士，是狗屁博士，眼里只有钱。"

我听了就当表扬吧，说我经营意识强呢。

倪总喜欢搞办公自动化。2001 年的时候，接入事业部已经实现了无纸化办公。那个年代传真用的还比较多，倪总开发了一个系统，可以把传真件直接转化为 PDF 文档，发到收件人的邮箱里。收件人可以直接在 PDF 的传真上用电子笔书写意见，然后通过电脑直接把传真发出去。如果你是通过 Word 办公软件写的传真，在电脑上也可以直接把传真发出去，不需要打印。这样的办公自动化系统，到现在我在别的公司都没有看到过，在中兴也没有推广开来。

因为倪总不负责这事，管好自己的一亩三分地就算了。

我们的审批都是在系统上批的，有的人找倪总签字，都会被骂回来，要求签字件扫描上系统，他通过电子笔在电脑上签字。现在看到很多人为了找领导签个字，东打听西打听，看领导在不在，还得看领导高兴不高兴，就觉得他们真是可怜。

倪总，中兴万门交换机的总设计师，上海人，有情调。中国人都还在喝茶的时候，我们就有咖啡喝了。

倪总喜卫生。我们搞 5S 的时候，要求桌面上不能有电脑、水杯以外的任何东西。有人说要看资料，不在桌上面放资料怎么行？看的时候可以，不看的时候就收起放抽屉里。

有要求，大家不一定执行。倪总就要求行政去检查。行政每楼层抓到一个人不满足 5S 要求的就结束。然后对这个人在楼层的黑板报上进行通报，并罚款 50 元。非常有效，一段时间后大家就形成了习惯。

有要求，需执行，使手段。

> **组建团队，永远不要与多数人作对。都比较差的时候，表扬少数。都比较好的时候，惩罚少数。**
>
> ——王博语录

倪总讲服务。我们那时候加班，到晚上 8 点，就有阿姨到办公室送夜宵，馒头、包子、绿豆汤，花样繁多。

倪总市场意识强，销售处的领导喜欢找他，经常给他打电话。接到这样的电话，倪总安排任务，从来不会说你去找王守臣。他会说你等着，我让王守臣给你回电。他会告诉我什么事，处理好了，让我给销售处回电话。

让销售处的人直接找我，与我处理后给销售处回电，看似没有多大差距，其实蕴涵着“一站式服务”的精髓。

看似简单，其实博大精深。

倪总喜钱。倪总喜欢别人与他谈目标谈奖励，达成什么目标就奖励多少钱。觉得没有奖励的事情不靠谱，人是精神的，更是物质的。全精神的人靠不住。

那个年代接入事业部效益好，倪总就把年终奖预留一部分下来，用于平日加班费用与特殊项目奖。

平日 6 元/小时，周末 120/天。哄得大家没事就往单位跑。

后来接入事业部分拆成两部分，一部分划到了移动事业部，我就去了那里。倪总负责手机事业部。接触得相对少了，但工作的烙印却深深嵌在了骨子里。

记职场第二位教练

2002年初，小灵通产品划拨到移动事业部，叶卫民总经理就成为了我的第二位职场教练。

小灵通产品线用户对象虽然是固网运营商，中国电信和中国网通，但产品本质是一个移动系统，所以划拨到移动事业部就获得了更多的资源，与更多的无线专家在一起，无形中得到了更多的启发。

这是公司众多组织调整中最成功的一次。

叶总经历了研发、销售和采购多个岗位，在每个岗位上都表现出了奋斗精神。移动事业部初期效益不好，经营压力大，我们就经常晚上组织研讨会，叶总姓叶，我们就戏称为“夜总会”。

2002年我们那次去日本，三洋送了我们每人一个数码相机，回来后叶总还要求我们都上交公司了。

非常不舍。

我就经常想，这个数码相机上交后做什么用了？如果束之高阁，不如赠与员工。

公司讲文化，“激情第一，诚信第一”，就这两点，无人能出其右。有了这两点，就不会差到哪里。

叶总关心下属。公司在2003—2004年，员工调薪很少，为了给我涨点工资，叶总亲自打报告三次，总部才批了下来。这事叶总从未与我讲过，还是批下来后，人事与我讲的。

对于优秀的选手，你对领导期望什么呢？信任与奖金。我两者都有了，唯有好好干活。

管理者与被管理者，就像坐轿子与抬轿子。坐轿子的要会坐，抬轿子的要会抬。抬轿子的要步调一致，才会省力，坐轿子的才会舒服。坐轿子的也要会坐，别扭来扭去，这样抬轿子的兄弟很辛苦，而且会使坏，让坐轿子的难受，说不准哪天还会被扔了下来。

抬轿子的千万不要与坐轿子的斗。凡生此心，必将被灭。99%与坐轿子斗的抬轿子兄弟都死得很惨。正确的做法就是好好抬轿子，让领导高升，抬轿子的就有机会坐轿子了。

这是浙江大学邢以群教授在一次培训课上讲的，我觉得很有道理。

CDMA 事业部与第三营销事业部的轿夫水平都很高。公司的很多领导，都来自于这两个部门。

叶总家前方有一独栋别墅，很久没有人来住，叶总说这个房子很久没人住，你可以问一下人家卖不卖。

“没有人怎么联系？”我问。

“在门上贴个条子，留个电话。”叶总说。

（用儿子的话说，这也行？）

两天后真有人给我电话，270 平方米，独栋别墅，180 万元。真是太便宜了！我去看了一下房子，发现还送地下室。

面积太大了，这装修要花多少钱？

不买。

所以吧，像我这样的人，穷也是应该的。

叶总随和，相处没压力，合作不用担心。幸福的日子过得很快。两年后叶总就调去负责国际市场了。

“激情第一，诚信第一”，保持平常心，生活就会幸福得多。

这是从第二位职场教练所学到的。

一年后，追随叶总，到了南美，又成为了国际市场的一员。

完美收官

2002年底广州又招标了，这是中国电信最后一个大项目。

移动核心网、大基站组网已经深入人心，对中兴通讯的技术，客户都不再有任何担心，无疑是三家供应商中竞争优势最明显的。

项目成功的关键还是在商务上。商务又是由成本最高的基站部分决定的。基站的商务又在于增强型基站能用多少比例，比例越高，商务就越有竞争力。

所以在广州项目上，一开始就把工作重点放在让客户认可增强型基站上。

增强型大基站的单价也同样重要。我们决定采用日立的增强型基站。

小灵通的市场地盘之争，已经逐渐接近尾声，全国没有上小灵通的地市几乎没有几个了。

日本基站的供应商，京瓷、三洋和日立三个合作伙伴，与我们的合作都不错，对我们帮助也很大，所以我们也不能害他们。我把市场需求量从高峰开始迅速下降的这种现实反映给了他们。

当时日立的供货量最大。日立收到我们反馈的需求会急剧下降的信息后，他们是一百个不相信。我讲得越多，日立越觉得我是在想办法让他们降价。

辨别真假有时很难，本是真的，讲得越真，对方可能觉得越假。

结果日立备了很多货，等着我们下单。三个月过去了，也没拿到什么合同，日立感觉不对劲，就经常找我。

因为前面都与他们讲实话了，造成现在的被动局面，实不怪我。

日立，可怜的孩子。

我与日立讲，广州项目是个机会，错过这个村就没有这个店了。客户还是要用智能型基站，除非增强型基站价格极低。

“多少？”

“现在价格的三分之一吧。”

“那还不如扔了。”

“随便。”

估计回去算了算，扔了还是不如低价卖了。我们也适时提高了一点价格，事情就这样定了。

谋事在寡，这事只有我与负责商务的常金芸总知道。

项目报价是由竞争对手决定的，成本不是主要因素，但成本决定了项目的赢利能力。

——王博语录

在小灵通的重大项目上，报价都是常金芸总负责的，很少失误，这次也不例外。

中兴成功中标小灵通发展史上最大的项目——广州小灵通。

客户与竞争对手以为中兴通讯这个项目可亏大了，其实我们赚了个钵满瓢满。

不久后，中兴又中标了河源、汕头、潮州、揭阳等粤东四个地市。这是小灵通发展史上最后新建的一批地市。

完美收官。

UT Starcom 的衰落

UT Starcom 在小灵通上的发展无疑是最成功的。

小灵通本是 UT Starcom 的商标，但由于影响巨大，最终成为了整个行业的通用语。所有厂家的产品都叫小灵通。

行业地位，可见一斑。

2000 年 UT Starcom 在纳斯达克上市，快速发展，2015 年收入达到了 25.9 亿美元，成为了全球前十大设备供应商。UT Starcom 的商业成功，可以概括为以下三点：

1. 业务聚焦，真正从用户需求出发。UT Starcom 抓住了中国电信发展史上一个特殊历史时期，利用中国电信的移动业务剥离，有业务增长的需求，有迫切发展移动业务的心理，开展了小灵通业务。虽然政策多变，UT Starcom 还是把握住了政策的主趋势，坚定不移地发展小灵通业务。

UT Starcom 能做到业务聚焦，也是因为别无选择，在其他业务方向上，一无历史积累，二无技术团队。

特殊的市场环境，别无选择的经营策略，成就了其快速发展。

> 别无选择，就无需选择，也是职业成功的一种方式。很多人的失败就是在于选择太多。
>
> ——王博语录

2. 领导层的国际视野。UT Starcom 的管理层是清一色的海归，他们具有国际化视野，与日本企业合作上思路超前。2000 年，我们还把去日本看做是一种福利，而他们就有团队专门在日本开展工作了。UT Starcom

采用全年商务统谈的方式，降低产品成本，这是我们在当时所不敢做的，总是把风险看得大于机遇。我见过他们的一些高层，觉得他们的思路非常新颖，大概也是当时“海归”与“土鳖”的真实反映。

3. 高效的营销方式。UT Starcom 抓住了政府对企业影响力这一中国市场的特点，在重大项目上充分利用政府关系，以投资为名，获取当地政府对项目的支持，屡试不爽。

这些投资最后无一兑现。

UT Starcom 为什么会衰落呢？

1. 业务单一，小灵通是个短期市场。这个都清楚，就不细讲了。

2.“海归”的清高。管理层讲究高大上，一切与硅谷接轨，不考虑中国的实际情况。在中国，按美国的方式来管理公司，注定也是一个败笔。

鼓励思路创新，而对落地重视不够。大家谈未来更多，而没有注重当下的产品如何开发出来。

“海归”的管理层更看重个人待遇，待遇不好时就选择离开，重新寻找就业机会，而不像“土鳖”们对公司更有一份责任。

小资情调害死人。

UT Starcom 高层离职，员工也跟着离职。离职的待遇也按硅谷的方式，“T+3”，离职补偿为工作年限加 3，乘以月薪。优厚的离职补偿，鼓励了部分员工积极申请离职。

没有大小姐的命，先有了大小姐的病。

3. 转型太宽泛，不聚焦，同时涉足多个产品领域。UT Starcom 也看到了小灵通的短命，积极转型，同时投入了宽带、IPTV、手机、WCDMA 多个领域。宽带市场还可以，中兴、华为都感受到了 UT Starcom 的市场压力。IPTV 市场规模不大，WCDMA 市场五年内都没有启动，巨额投资产生不了收益。

有次与负责中兴手机事业部的执行副总裁何士友讨论这个问题，何总觉得如果 UT Starcom 聚焦手机单一业务，估计也会成为一家伟大的公司，像现在小米、VIVO、OPPO 一样。

2005 年 UT Starcom 的手机出货量已经很大了。

结果，UT Starcom 步子迈得太大，导致了公司的衰落。

告别小灵通　转战 3G

2002 年的年度经营会议明天就要开始了，因为广州的小灵通项目供货供不上，我还不得不去广州给用户承诺供货计划。

客户对供货沟通的结果非常满意，我非常开心，晚上就喝了一顿大酒。

非常开心还有另外一个原因。

因为下午接到了移动事业部总经理叶总的电话。

叶总说："王博，准备一下转岗负责 3G 产品吧。"

3G 产品是公司的未来，是公司最核心的产品，没有之一。

"我的知识结构，您觉得可以吗？"我问。

"问题不大。侯总担心你走了没人接小灵通，我说这个已经安排好了，何赵钢可以接。你回来后找一下谢总，讨论一下工作如何开展。"

完美！

谢大雄总是公司执行副总裁，3G 领导小组组长。

谢总在我读研究生的时候就认识，那时谢总是南京理工大学的老师。

说来你也不信，谢大雄与华为的轮值 CEO 徐直军都是南京理工大学毕业的，都是搞弹道研究的。两个搞弹道的，都成为了中兴、华为的无线通信的当家人。

现在我才明白，弹道专业是为了培养通信人才而设立的，否则也不会把摩托罗拉、西门子那么多企业给干趴下了。

谢总历任南京研究所所长、CDMA 事业部总经理、移动事业部总经理、CTO，创造了公司无数神话。

谢总，名大雄。人如其名，凡事有大格局，是我职业生涯的第三位教练。

在广州那晚的大酒虽然喝醉了，连夜还是从广州赶到了深圳，因为当晚还约了京瓷的神野部长。

到了深圳酒店已经凌晨一点了，就改为第二天一早六点与神野部长见面。

五点半起床，一穿西装，发现自己的西装怎么显得旧了些，该考虑买套新衣服了。再一掏西装口袋，里面竟然还有两个红包。心想广州处的同事也太客气了，干了这点事，还送两个红包，这点钱装一个里面不就结了吗？而且也不说一声。再一掏西装的下口袋，我的钱包怎么没有了？很生气，送个红包，也不能把我的钱包拿去吧？

坐下来仔细想想，估计是酒醉之后，与同事把衣服穿错了。

晚上见了谢总，聊得很开心，我就正式上任 WCDMA 产品总经理了。

站在今天看昨天

公司执行副总裁何士友每次拜访完客户，都要及时与大家开一个复盘会。何总认为复盘是提升团队能力的关键举措。通过复盘，肯定成绩，找出差距，淬炼队伍。

站在今天看昨天，我也把小灵通三年的产品经营复盘如下：

小灵通对中兴通讯的贡献是巨大的，2004 年中兴通讯与华为的业务收入绝对值差距仅 50 亿元，小灵通的贡献功不可没。小灵通、CDMA 与手机是缩小与华为差距的三大利器。曾一度有人认为小灵通是公司拉大与华为差距的罪人，因为公司把资源投入到了小灵通上，而错过了宽带 ADSL、GSM、传输等重大机会。这种思路是错误的。小灵通产品的投入实际上并不大，三四百人，带来近 10 亿的利润。有了这些利润，公司才有资本加大核心产品的投入。

一、资源配称。

产品、市场都是人做出来的，做什么事，一定要目标与资源投入一致，即做到资源配称。小灵通发展初期，产品质量问题多，一个重要的原因，就是投入不够。2000 年，小灵通系统研发总人数也不到 30 人。为保证小灵通的投入，侯总专程到上海，让接入事业部把调入小灵通产品线的具体人员名单拿给他看，就说明侯总判断产品问题多的原因主要是投入不够。2001 年产品质量得到大幅改善，主要就是投入与目标一致了。公司在一些核心产品上经营结果不理想，主要原因一是没有高的理想，二是有了理想，但没有落实实现理想的投入。

二、目标要有挑战性。

2001 年初，制定小灵通年度经营任务时，公司仅给了 8 亿元的任务，我觉得太低了。因为没有任务就没有资源投入。在我的强烈要求下，公司把小灵通的经营任务调整到了 12 亿元，最后实现销售收入近 30 亿元。这说明当时公司制定任务还是太保守了。其实公司制定的任务，以完不成为好，但完成率也不能太低。实际完成率为年度任务的 90%～95%为好。一个团队完成任务与完不成任务的战斗状态是不一样的。接近完成任务的团队更有战斗力。

当时无线事业部的副总经理李全才感慨说，第一次看到有经营团队嫌任务少的。我觉得这是李总对我们最大的表扬。

三、目标要细分，不要让繁荣假象掩盖存在的巨大问题。

2004年，中兴与华为的收入绝对差仅有50亿元，但要客观看到，在华为的收入中并没有小灵通、CDMA和手机三个产品线，这说明我们在其他产品线的经营差距是巨大的。如果我们当时能清醒意识到存在的差距，并真正地投入，加大考核力度，咬住青山不放松，中兴一定不仅仅是现在的成就。

四、留有空间，不要做绝。

每一个市场都会有几家竞争对手，不会有一家公司长期独占市场。要以满足客户需求为目标，明确自己的方向。不要对手做什么，我们都要做。

百变女郎，也不能俘获天下所有男人的心。

吃好属于自己的奶酪，给对手预留合理空间，否则蓝海秒变红海。

五、做客户需要的，而不做我们能做的。

确定有挑战性的产品目标，全球配称所需资源。中国已经具备这样的实力，经营者要有这样的胸怀。

六、关键事项不能输。

完成比完美更重要。追求完美，有时候就是吹毛求疵，离失败就不远了。这是成都小灵通项目失败的教训。

七、后备培养很重要，否则自己得不到提升。

在一个岗位半年后，就应该培养接班人了。

八、不要仅追逐利润，更应该设法解决客户的痛点。

利润仅是副产品。没有情怀的人成不了大事。

第三章

3G往事（2004—2005）

移动业务概要

移动业务是通信产业中最重要的业务。在现有的四大通信设备公司中，爱立信是聚焦于移动业务；诺基亚在合并阿尔卡特前也是聚焦于移动业务，在合并阿尔卡特后才有了传输、宽带接入等业务方向；在华为、中兴的业务收入占比中，移动业务也是第一大业务，可见移动业务的重要性。中国的通信设备厂家，在2G阶段起步比较晚，没有赶上网络建设的高潮，因此在3G产品投入上就额外重视。中兴从2000年开始就投入3G产品WCDMA的研发，一直是公司的战略产品。2004年，研发人员的投入已经达到了 1200 人，是公司研发投入最大的产品线。

上任

WCDMA 是公司最大的产品线，研发人员就有 1200 多人，分三地开发。核心网在南京，徐子阳负责；RNC 在上海，甘志强负责；基站在深圳，张思东负责。

徐子阳，个高，专业，谦逊，做事聚焦，后来任公司核心网产品总经理，“当家花旦”。2016 年再听徐总的汇报，讲得是最清晰最简洁的。徐子阳传承了方晖的工作方式。如果地球上还有一个人需要信任，那你可以考虑考虑徐子阳了，被抛弃的风险最小。2018 年“中兴事件”后，现任中兴通讯总裁。

甘志强，商人，懂技术。“流氓”会武术，神仙挡不住，早早就自己创业了，上海顶竹通讯技术有限公司创始人，现在是我的战略合作伙伴。醒悟比较早的一个。

> 有的人想也不想；有的人想了，但想错了；有的人想对了，但没行动；有的人行动了，但年纪大了。所以在每个时代成功者都是少数。我是第四类，想了，想对了，行动时老了。阿甘是第三类，想了，想对了，行动时还年轻。
>
> ——王博语录

张思东属于又红又专的一类，每天做三件事，加班，加班，加班。3G

还没做完就累得满头白发了。

全部青春献中兴。

2003年初，中兴的3G实力还不行，按我们内部评估，各设备商排名如下：

爱立信、诺基亚、NEC、摩托罗拉、北电、阿尔卡特、华为、中兴、UT Starcom。

那时候谁也不敢想现在可以做到全球前四。

这些兄弟都这么苦哈哈地拼命，全球我们也就排第八位，还每天担心被第九UT Starcom超越了。

我想肯定出了什么问题，正确地做事，做正确的事，估计是后者出问题的可能性更大。

不着急下定论，看看。

1200人的队伍，肯定还有机会。

新到一个单位，不要急于表态决策。做好以下三件事：

请大家吃饭、吃饭、吃饭，多听听原有单位员工的意见，现在发红包也行。2015年在中兴高达，一年红包发了十多万元。

多听听核心团队意见。

多听听客户意见。

侯为贵总裁教导我们要“两个深入”，深入员工，深入客户，很重要。

但不吃饭估计也不行。

较量

“做正确的事”和“正确地做事”同样重要。

一个领导如果能兼而有之最好，如果不能，就需要有人配合。我是需要有人配合的那种。我的优势在于商业敏感性，做正确的事。正确地做事，不是我的强项。

我的优势与劣势，作为3G领导小组组长的谢大雄执行副总裁，比我还清楚。

中国式组建团队，多是家长作风。不是由负责人组建团队，你的团队由你的上级决定。WCDMA的产品经营团队组织也不例外。

谢总看上了无线研究院院长段玉宏，让段总兼任WCDMA产品线的总工。段总是无线产品开发的大内总管，负责所有研发，也曾是公司第一批产品总经理，经验丰富。

对这个安排，段总心里有些不太乐意，做产品线的总工，有点降低身份。我也是有些不太乐意，给领导安排工作，感觉也不舒服，说重了说轻了都觉得不是。

谢总感觉到了我们的情绪，晚上请新成立的产品经营团队吃饭。

酒至半酣，谢总端起一杯酒，说：“公司WCDMA产品的经营现状，能不能改变，关键就看你们两个配合了。一个是经营意识强，一个是研发管理经验丰富，要好好配合。”

见谢总这样讲，我就借机提出我的看法，说：“段总是我的前辈，做产品线的总工，我都不好意思给他安排任务。既然谢总这么决定了，那以后在产品线，段总要按产品总工的岗位要求来做。如果产品线做得不对，我再代表产品线向研究院长汇报工作。”

话在桌面上说清楚比桌下使绊子好。

段总端起酒杯说："就这么办。"

干，大家一饮而尽。

谢总很开心，说："你们两个大拿能这样合作，我看不错。喝这个小杯少了，我看你们俩要喝个大杯。"

说着拿了两个水杯，开始往里倒。

我说："好，段总，我们干个大的。"

段总说："干就干！"

每人四两，一口干光。

那夜我们都醉了。

后来与段总合作很愉快，在产品经营的初期，确定方向，落实资源，调配人力，功不可没。半年后段总就不再兼 WCDMA 产品线的总工了。

现在我与段总都离开中兴了，也经常在一起。估计 80 岁的时候，我们俩如果还活着，还在相互陪伴。

后来谢总、段总和我三人在一起，经常回忆起这个片段。

我说，4 两酒，我说喝，我估计段总会说不喝，那天我俩就不会醉了。

段说，4 两酒，我说喝，我估计王博会说不喝，那天我俩就不会醉了。

谢说："这个酒醉得好！"

年轻真好。

从"疲于奔命"到"有序规划"

NTT DoCoMo 于 2001 年 10 月开通了全球第一张基于 WCDMA 的商

用3G网络。紧接着日本KDDI于2002年开通了全球第一张基于CDMA2000的3G网络；韩国运营商SKT和KTF也于2002年开始了3G运营。全球范围内大面积的3G网络部署开始于2003年，和记电讯运营商“3”公司于2003年在欧洲开通了欧洲第一个3G网络，同年Verizon也在美国开通了3G服务。Vodafone、Orange等运营商宣布于2004年在英国、法国、德国、意大利等主要国家开通3G服务，逐步进入了3G发展的高潮。

战鼓声声，催人奋进。中国移动、中国电信、中国联通三大运营商也坐不住了，认为在中国也要迅速投入3G网络建设，否则在全世界就落伍了。运营商们翘首以盼，期望在3G时代，借助新技术实现弯道超越或继续领先。

三大运营商都希望在工信部下发3G牌照前，了解3G产品，做好供应商选型，只等工信部哨声一响，3G网络就像变戏法一样，一夜间遍布大江南北。

于是三大运营商，特别是风向标中国移动组织各种名目繁多的测试，进行各种各样的测试排名，使得各设备供应商疲于奔命。好像一次测试排名靠后，在未来的招标中就没有机会似的。有时为了比拼一个性能指标，就单独做一个软件版本，测试完了，这个版本也就不用了，实际上对产品的健壮性一点帮助也没有。

大家都知道测试是假的，但谁也不说。

新时代下的皇帝新衣。

中兴也不能免俗。

我安排三个产品副总经理，每人负责一个运营商的测试。这样安排可以让他们在原来各负责一个网元的基础上，对整个系统性能也有所了解，对改进产品质量有好处。

在产品规划上，核心网、RNC和基站三个网元都有V2和V3两个版本在同时开发。V2成熟一些，用于应对客户的各种测试。V3是规划的新产品，竞争力更强，在商用时一定是采用V3的版本供货。

为应对各种外场测试的需求，1200人的研发队伍，70%的投入放在了V2版本的开发上。

这么多人投入到不商用的V2版本上有意义吗？

暂时的测试结果差点，真得会影响未来的招标结果吗？

回答这两个问题，首先要回答下面的问题：

中国工信部什么时间会下发3G牌照？

如果半年内工信部下发3G牌照，上面的各种测试就必须严肃对待。如果工信部一年后才下发3G牌照，我们在V2的投入就可以大幅缩减，把人力投入到计划批量上市的V3版本。

这是一重大决策，决策错误，将导致中兴的无线产品未来全军覆没。

于是我大会小会上，不断地提自己的一个观点："我们无法判断3G牌照何时下发，但我们可以肯定一年内不会下发。这样我们要把我们的产品规划、研发以一年为周期进行考虑，做长远规划。"

大家都面面相觑，这也有点太……

"一年内不会上，两年内也不会上。别每天自己把自己给吓死了。"

一个充满磁性的男中音从对面传来，他就是北大高材生、无线研究院院长段玉宏。

这个力挺非常重要，知音难得。产品经营团队思路逐步统一。

我们一起给无线经营部总经理谢大雄总和公司总裁殷一民总做了汇报，同意了我们的思路。

WCDMA的产品经营的根基就这么确定了下来了。

总结WCDMA产品总经理三年任期，我最大的贡献就是提出了"一年内中国不会下发3G牌照”，为研发资源的投入确定了新方向，研发主力从V2版本转移到了V3版本，为一年后产品竞争力的提升奠定了基础。

史记：

工信部2009年1月7日，向三大电信巨头发放3G牌照。

我们提出“中国一年内不会下发3G牌照”的论断是2004年。

实验室永远做不出好产品

夜以继日，
研发的兄弟们在奋力拼搏。
市场上除了测试，
一片平静。
网络没有一定的用户量，
既发现不了问题，
研发质量也得不到检验。

实验室永远做不出好产品，新产品必须经受市场的检验。

——王博语录

我们需要一个规模商用局。

3G牌照没有下发，中国不可能有。

那就放眼国际。

于是，决定去找主管欧洲市场的第四营销事业部方榕总经理，3G的建设高潮不是在欧洲吗？先去欧洲看看。

方总是我在中兴见过的最美的美女，没有之一。做美女可以，做领导也可以。但做美女领导不可以。估计是上帝一时瞌睡弄错了。

1998 年我刚入职的时候，方总还在负责专网，在深圳倪总请方总吃饭，我有幸参加了。

那是第一次与公司领导同桌。

席间听了我人生中的第一个段子：

王先生很有学问，听说李先生很傻。一次吃饭的时候王先生就想测试一下李先生傻不傻。

王先生问李先生："你妈妈生了一个儿子，既不是你的哥哥，也不是你的弟弟，请问他是谁？"

李先生瞪着一双迷茫的大眼睛，答不出，说："等等，我上个厕所。"

李先生在厕所碰见了陈先生，问陈先生："你妈妈生了一个儿子，既不是你的哥哥，也不是你的弟弟，请问他是谁？"

陈先生笑笑说："那就是我呀。"

李先生如获至宝。回去，坐下。高高兴兴地对王先生说："我知道答案的，那个人是陈先生。"

我倒。

方总听了我在欧洲建 3G 样板点的请求后，爽快地答应了。当时负责欧洲一个片区的区总陈江也在，陈总说："在我们片区想想办法。听说塞浦路斯有这个需求，国家不大，旅游胜地，适合做样板点。我再了解一下。"

一个月后我就与陈总去了塞浦路斯。

开启了寻求 3G 样板点的漫漫征程。

塞浦路斯的沙滩和美女

塞浦路斯地处地中海，先后被亚述、古埃及、波斯、古罗马和拜占庭统治过，所以文化呈现多样性。现在人口110万，70%是希腊人，10%是土耳其人，20%是外国人，即非希腊人、土耳其人。塞浦路斯沾了希腊人的光，2004年跟着希腊一起混入了欧盟，成为了欧盟成员。

塞浦路斯是天然的旅游胜地。塞浦路斯的海滩以白色细腻的沙滩延伸到蓝色的海水而著称。蓝色的海水告诉人们地中海的深邃和美丽。

见过蓝色的海，没有见过塞浦路斯海水的蓝。去过海滩无数，在排名世界十大著名海滩的巴西里约热内卢海滩上生活了三年，但最忆的仍然是仅看过一眼的塞浦路斯。

与陈江总一下飞机，就感觉热浪扑面而来。乘车三转两转在一栋小别墅前停下。一看这别墅阔气得很，有点像白宫。

在塞浦路斯，中兴就两名员工，王红与赵志，这栋别墅既用于办公，又用于生活。

塞浦路斯有中兴第一个海外预付费平台项目，据说当时为了这个项目丁总带领团队加了不少班。预付费平台在塞浦路斯起了一个很好听的名字，“So Easy”，因为在这之前，用得起移动电话的都是有钱人，有了预付费平台后，普通老百姓也可以买得起了。

So Easy，这名字起得真好！

王红，形象雍容华贵，英语说得很好。第二天带我们去见了一下运营商CEO，我们谈了一下中兴WCDMA的优势，表达了希望在塞浦路斯建一个样板点的想法，费用我们自己承担。CEO问了一些我们产品的使用情况，没有直接表态。

我想费用我们出，送总能送出去吧。事实上不是这样，多次努力，承诺赠送的规模越来越大，最后也没有成功。

设备还不如一次赠送到位，估计效果会有不同。

有钱的客户不喜欢免费的东西。

工作就这么点事儿，周末赵治就带我们去海边看看。不得了了，真是从来没有见过这样的海。

因为美女无数。

听说过很多海边裸浴的故事，但这是我第一次真正看到。

现在很多女人不再以白为美，觉得皮肤呈古铜色才美。

一次在日本看到一个古铜色的日本女人，皮肤成古铜色，就好奇地问卫东，这人的皮肤是怎么炼成的？卫东说，现在有一种烤箱，把人放进去，进去时是白的，出来后就是古铜色的了。

(用我儿子的话说，这也行!)

卫东对女性产业的研究还真有心得。

英国多雨，难得见个太阳。出太阳的时候，英国人就抓住这个瞬间晒晒。我夫人 2001 年在英国留学的时候，怕被太阳晒黑，有太阳的时候就打伞。当地人看不懂，就问她："Are you waiting for rain?"

追求古铜色皮肤的女游客，看到塞浦路斯的阳光这么好，一定得好好晒晒。

穿着三点式，晒的不全面呀，晒完了留三个白色的印子，像打了胶带似的，于是就脱光了裸晒。正面晒了不够，再换背面晒晒。

真是大饱眼福。

三年后塞浦路斯的 3G 项目招标了，4000 万美金给了爱立信。

我们免费给人家不要，非要 4000 万美金去买。再过了十年，客户眼里的最爱爱立信亏损累累，苦苦挣扎。而他们原来看不起的中国通信公司都在快速崛起，不知道客户现在心情怎么样？

死海不死

《死海不死》，是中学课文中读到的，当时感觉死海颇为神秘。那时候肚子都吃不饱，没想到今生还能到死海看看。

约旦政府拍卖了第三张移动牌照，被 Umniah 获得，要投资建设 3G 网络。

新兴运营商与传统运营商不同。由于没有历史包袱，新兴运营商往往选择新技术。Umniah 计划跳过 2G 产品，直接采用 3G 产品 WCDMA 建设移动网络。

2004 年全球虽然建设了多个 3G 网络，其实建设了 3G 网络的运营商都苦不堪言。他们购买 3G 频谱，支付了高额费用。建设的网络早，建网的成本也就高。网络建设好后，又没有好用的 3G 终端，建好的 3G 网络基本上是在空转着，靠发展 ARPU 值很低的数据卡勉强度日。投资了 3G 的运营商苦不堪言，3G 运营商“3”建网多年后才开始盈利。

新兴运营商在选择供应商时，主要考虑是否能够提供资金支持，是否能够风险共担。技术的门槛比较低。

3G 网络建设初期，大家讨论的热点是建了这么宽的无线网络，在上面跑什么业务。说什么的都有。悲观的人说，带宽宽了其实没用，因为除了短信，没看到能带来相对高收入的业务。乐观的人讲，不用担心，车到山前必有路，船到桥头自然直。

最有新意的是中国电信总工韦乐平的观点，3G 的未来业务就是 3 个 “G”，Game（游戏）、Gamble（赌博）、Girl（女人）。我读过韦乐平先生的著作，没有见过韦乐平先生本人。想象一个谦谦君子，站在讲台上，万人瞩目，开讲游戏、赌博与性，就觉得当时场面一定很滑稽。

最后拯救 3G 网络的白衣骑士竟然是苹果手机，推出了一堆 APP 应用，短短两年在一些热点地区带宽就不够了，4G 需求应运而生。3G 的杀手级应用是什么就再也没有人提了。

在温饱满足之后，要更相信乐观之人，因为人类虽然有些波折，历时几百万年没有灭绝，还一代比一代好，就能说明问题。

——王博语录

对这些需要资金支持的运营商，一般都是中兴、华为的菜，只有中国才愿意为这样的运营商提供融资支撑。

这个项目也不例外，中兴、华为两家进行 PK。最后中兴放弃了，觉得风险大。华为中标。

现在回头看，Umniah 网络建设一年后投入运营，两年后被非洲的跨国运营商 Batelco 2. 4 亿美元收购。Umniah 的投资人赚了个钵满瓢满。华为更是。Umniah 被非洲跨国运营商 Batelco 收购后，投资更大，每年合同上亿美金。

“曾经有一个机会摆在我面前，我没有珍惜，如果再给我一个机会……”

答案是，会犯同样的错误。

对于风险共担的项目，不应该仅从自身看，而应该看客户项目是否能够成功，作为决策的依据。这样的合作是绑在一条线上的蚂蚱，他成功了，你就成功了。

——王博语录

安曼（约旦的首都）的周围就是沙漠，城市里的树靠滴灌才能生存，维护的成本非常高。在安曼，撞死个人问题不大，认为这是逝者的命数。但千万别撞死一棵树，估计祖房卖了也赔不起。

我们累了就买个西瓜，驱车到沙漠深处吃。也不用带刀，在地上一摔，掰一块就啃。

沙漠里吃西瓜有种特别幸福的味道。

周末无事，驱车去死海看看。海水如油，用手划过水面，可以看到一条条矿物质的纹路。在死海游泳，绝不像文章中描述的那么惬意，可以躺在水上轻松看报。因为躺在水中，很难把头抬起来。稍有不慎，海水入口，一个星期都不能吃饭（同去的一位使馆朋友中过招）。如果海水进了眼里，基本宣判从此失明。

在死海里最轻松的方式竟然是在海水里直立行走。如果你愿意，估计走到以色列，你也不会累。

董宝平总是当时的国代，老国际，人很实在，现在还常联系。商务科长是高大鲲，后来追随我到巴西工作了两年，很遗憾没能给他提供更好的发展机会。高大鲲回国后，加入了努比亚手机公司，成为了努比亚创业“十三君子”之一。

是金子在哪里都会发光的。

我最喜欢的一部电影是《我爱扭纹柴》，周润发饰演的村长经常唱一首歌——《是龙就会飞起来》。

龙可以，鲲也可以。

多哈，吃不完的螃蟹

生意就是这么一个怪圈，没名气时，大国大 T（大国，指运营商投资大的国家；大 T 指投资大的跨国运营商，大的 Telecom）看不上我们，所以只能先在一些小国家突破。但宣传还得在大国大 T，明知人家不买，欧洲 3G 巡展还得如火如荼地进行。

现在想想，我推动的层面还是不够，如果把 3G 样板点作为公司首长一号工程，获得的资源不同，结果就会大为不同。

估计首长那时有更重要的事，我们这事还没有顾得上。

直到 2009 年中国联通 WCDMA 招标，要求每个供应商最少得有三个商用局，我们才勉强弄够。

卡塔尔 3G 招标，于是我又到了多哈。照例去拜访了 CTO，吹吹牛，从客户的反映来看，我们的希望不大。

> 一个项目是否会中标，在开标前 90%都已经知道了，招标更多的就是一个流程。寄希望通过正常招标来获得项目，与闭着眼睛往天空射箭，期待射下一只天鹅来概率差不多。
>
> ——王博语录

标准动作还是要做，与团队一起把标书准备好。

一些工作明知不会有结果，还得做到最好。口碑就是在虽然觉得你表现优秀但未能选择你的客户的歉意眼神中积累起来的。

这句话，如果让我们高中的语文老师邱老师看见，一定说这是一个病句。上高中时，一个同学在作文中写道："撑起理想的风帆，驶向四化的高山"。邱老师念了两遍，我们才发现是个病句，船怎么上山了？

口碑怎么会通过眼神积累起来？不改了，估计邱老师不会看到。

邱老师是语文老师，是理科班的班主任。我们高二文理分班的时候，邱老师看到很多学生报文科班就很生气。一天早自习，他用山东口音的普通话在讲台上大声地说："有人报文科班，我问你，你有胆量现在回去把你的老囡囡（音。估计是老奶奶的意思）杀了吗？"。说完很生气地甩门走了。

大家讨论了很久，才明白邱老师是想表达，文科生的出路都在仕途，仕途的斗争腥风血雨，要心狠才行。

影响了一批学生，断了读文科的念头。

如果你想改变一个人的信念，说得模糊些，给人以想象空间估计说服的力度更大。想象产生美。

——王博语录

2004年金秋九月，正是螃蟹上岸产卵的季节。卡塔尔当地人不吃螃蟹，听说在海边抓螃蟹就像捡一样，一下午可以捡100多斤。

听着就备感神往，小伙伴们抓紧出发。

捉螃蟹需要一个篓，绑在一个杆子上。你看到螃蟹的时候，螃蟹也会看见你。螃蟹受到惊吓就会往前跑，不用急，你用篓擦着地跟在螃蟹后面跑就可以了。螃蟹发现跑不过你，就会猛然掉头跑，估计想来个急转弯，甩开跟踪者。可惜它面对的是比它进化百倍的人类。

好，欢迎，请君入瓮。

那天我们抓了大概100只，晚上就吃这个了。印尼的厨师做红烧，螃蟹管饱，吃不完的用缸储存起来，够吃一个星期了。

利比亚，3G的第一个商用局

踏破铁鞋无觅处，得来全不费功夫。

中标利比亚移动运营商 Libyana 3G 项目，可以看作上述情景的最好诠释。

武增奇总是利比亚国代，在来中兴通讯前是中国利比亚使馆的工作人员。

大使是中华人民共和国派驻所在国的代表，身份相当高贵。其实大使们在海外的生活也很清苦，十年前，出国的人少，能一起聊天的人很少，孤独；现在出去的中国人多了，是事多，繁杂。在国外，出行都有高档车接送，一回到北京就得挤公共汽车。

做个大使不容易。一要有高尚的情操，二要耐得住寂寞。

2004 年的一天，武总找我，说要在利比亚开一个 3G 试验局，而且说我的领导移动事业部总经理叶卫民总已经同意了。

也不能太饥不择食吧？非洲人民 2G 还没有用上，现在就要建 3G 试验局，是不是有点胡扯。2004 年利比亚的移动用户渗透率是 5%，我有这样的想法也很正常。

武总讲，他刚加入中兴通讯的时候，2002 年在利比亚建了 3 个 GSM 基站，后来通过引导，就顺利成为了 Libyana 的 GSM 移动网络的设备供应商。现在小卡（卡扎菲的儿子，当时的通信部部长）有建 3G 试验局的想法，通过引导，后续可以建成商用网络。

虽然抱怀疑态度，但我还是很愉快地同意了。

决策心理活动如下：

领导已经同意的事情不要反对，坚决执行。相信领导之所以是你的领导，一定有比你所强之处。

当你决策条件不具备时，要乐观地往前看。如果产品线与市场意见不一致，自己又没有绝对反驳的理由，按市场的意见办。让最接近客户的人决策。

屡次项目受挫，死马当活马医吧。

此事一个月后，在公司大楼前碰到负责国际市场的丁总经理，说起了利比亚3G试验局的项目。我说利比亚在非洲，估计不会这么快上3G。丁总说："博士，没去过非洲吧？的黎波里（利比亚的首都）与上海差不多，不用担心。"。

见过忽悠人的，没见过这么忽悠的。

2006年，与中兴通讯执行副总裁、CFO韦在胜总在巴西说起这个故事。

我说："我能忽悠，丁总更能忽悠。"

韦总说："忽悠也是生产力，但不能晃悠。"

我倒。

2004年产品线就忙着这个利比亚的试验局，逼着销售在年底前转商用。为这事，武总都没有参加2005年初的经营会，专程去利比亚谈试验局转商用的问题。

竟然在经营会结束前，把3G的商用合同拿回来了。

牛！

2007年成立第五营销事业部，武增奇总被提拔为第五营销事业部总经理，就是我的直接领导了。有前面的经历，所以一见面就有亲切感。

后来跟着武总学到很多东西。

1. 迅速反应。对上级的要求、下级的问题要及时给予答复。可答可不答的，答。与结果即使无用，也可以让上级产生信任，下级感到心里舒服。

2. 拉近客户距离的技巧。比如武总见陌生客户，常用一招。

武："Dear Sir, you are so kind and so familar. Maybe we meet somewhere before."

一般客户很惊讶。

场景一，客户会说："Oh, maybe Barcelora exhibition, I was there before. Were you there?"

武："Yes, I think so."

场景二，客户会说："Oh, where?"

武："Maybe Barcelora, or some other place."

与客户的感情迅速拉近了。

这一招我在浙大的时候就会用。一天我们几个同学去食堂吃饭，我吃得快，吃完了看见前面桌子上有一漂亮女生，就想去搭讪一下。

我去买了两瓶酸奶，在她面前坐下，递过去一个。

她惊讶地看着我，说："你是?"

我："不记得了？上次……"

女生："噢，想起来了，上次老乡会。"

我："对对对。"

于是就聊在了一起。一个安徽的，一个山西的，狗屁老乡，我从来没有去过什么老乡会。

没想到这招国际上通用。

武总做我领导时，我已经35岁。这个年龄的人风格已经基本形成，性格难以改变。在营销技巧上跟着武总学了不少东西。

记我的第四位职场教练。

政策制定

2003、2004两年下来，跑了不少地方，收效一般。主要的原因还是销售不够重视。没有行动就没有结果。

销售最大的荣誉还是签单。一个销售的时间是有限的，做了这个就做不了那个，所以他一定会选择投入小、见效快的项目。3G项目显然不具备以上特点。3G项目的特点是难度大、成功率低。虽然一旦成功收益也很大，但一般销售不愿意去冒险，因为承担不起失败带来的个人损失。

对一个销售人员，不要期望他的觉悟像公司领导一样高。销售的心理活动分三个层次：

保“位”战。想办法完成任务，不要因完不成任务被免职。

挣钱。有奖励吗？不想挣钱的销售不是好销售。

执行领导指示，等待提拔。领导要求的事情一定要做好。有点像军队，以执行命令为天职。不像研发的兄弟，领导说个事，他眼睛一翻，问：凭啥？

研发的兄弟多抱怨市场的兄弟势利。比如以前去重庆出差，如果是去解决问题，销售处会问：“领导，啥时候到？我派车去接你。”接了以后还会在机场路上安排吃个水煮鱼。如果你是去调研，对销售处没有好处。他们会装作不知道，更不会去接你。水煮鱼？别扯了。如果偶然碰见了，他会说："王总呀，今天我比较忙，你啥时候有空，请你吃个饭。"不等你回答，接着就到下一个问题了。

其实我天天有空。

销售的资源就那么多，他不势利也不行。

我尊重那些为了公司成功而势利的销售员。

到 2004 年底，V3 的新产品也可以商用发货了。靠产品线这样一个一个项目地推动，效率太低了。还是要利用销售心理活动的特点，把 3G 样板点的获取列入销售的年度 KPI 考核。

员工不做领导期望的，员工做领导考核的。

——王博语录

2004 年底中兴通讯的市场分为五个营销事业部。第二、第三营销事业部负责国内市场，第一营销事业部负责亚太、中东、俄罗斯市场。第四营销事业部负责欧洲市场。第五营销事业部负责非洲、南美洲、北美洲市场。

营销事业部对公司所有产品的销售负责，在历史上还没有哪个产品线可以把单个产品的要求列入他们的 KPI 考核指标。

我可以。

我先去找了质企中心计划部部长赵云，把 3G 产品的重要性，现在建设样板点的迫切性做了汇报。赵总很同意我的观点，于是安排人一起与海外的三个营销事业部沟通。

负责欧洲市场的第四营销事业部是重点，于是先找第四营销事业部。第四营销事业部负责考核的同事说，这个可以，但第一营销事业部和第五营销事业部也必须同样有 3G 样板点的考核任务。

我倒。

人性的弱点，攀比，总怕自己吃亏了。

最后沟通下来，要求三个营销事业部，每个单位 2005 年实现两个商用局突破，占 100 分总体考核中的 5 分。

这个力度老大了。

我不得不佩服自己的运作能力，其他产品线的兄弟也羡慕不已。

实际上 2005 年运作下来，大家的行为方式没有太大的改变。

因为我忽略了一点：

对于考核，大家看相对的。如果大家都完不成，结果对大家影响不大。

对于奖励，大家看绝对的。重赏之下必有勇夫。

我就后悔，该把 5％的考核权重，改成 500 万元的项目奖励。

最好的品牌宣传就是从一个胜利走向另一个胜利

失败是成功之母？

屁！

成功才是成功之母。

公司选拔什么样的公司领导，与当时的公司文化息息相关。

公司在 2001 年之前，是草莽时代。

那时候不讲究什么协同、整体，是个人英雄主义。只要你能给公司挣钱，这个团队就由你带，赚了钱按比例分，公司没有主流文化。领导风格不同，团队作风就不同。网络事业部的文化是工程师文化，走的是产品领先策略，所以他们的领导多是技术专家。接入事业部的文化是市场文化，每个人都想着怎么样为公司赚钱，技术就是为市场目标服务。第二营销事业部是精细化经营，讲究客户关系、产品、服务协同发展。第三营销事业部是客户关系决定论。其他部门的文化，在公司的收入占比小，在当时都不成气候，也可以说是没有文化的文化。

那时候一个人负责一块业务，觉得自己说了算，有一种当家做主的感觉。奖金与业绩挂钩。2000 年的奖金，网络事业部人均 10 万元，接入事业部人均 7 万元，这么多钱，两个事业部的领导都不知道该怎么分了。有的事业部奖金少得可怜，人均就 1 万多。

这样的文化时间长了，公司就觉得不可控。局部最优也不代表整体最优。公司发展到一定规模后，觉得还是要先做顶层设计。

这些战斗中成长起来的领导，就像开国的元帅和将军，像兵也像匪。关键是下面的人还一呼百应。

于是迎来了 2001 年底的大调整。几乎所有的公司领导换了岗位。一下子公司变得有点像宋朝，兵不识将，将不识兵。

当时我们觉得业务没有以前的领导怎么行呀？

事实上对业务一点影响也没有。

通过这次调整使我认识到，职务越高越危险。只要中层稳固，最高层领导英明，其他的高管多是锦上添花。

2002 年到 2005 年，是内部提拔时代。

从 2001 年起，公司开始开展一年一度的管理干部读书班。最有效的是 2001 年的第一届，为期一个月的脱产学习，使中层管理干部学到了管理的基本常识，团队建设、量化管理、质量管理、财务管理等基础知识，以后大家见面就有了共同的语言，又是同学，合作好了很多。

彭然是质量管理的培训老师，印象最为深刻。后来在3G产品期间合作很多，对我帮助很大。

2002年的读书班，时间短一些，大概是10天左右，其中一本书是《从优秀到卓越》。这本书改写了中兴通讯的用人文化。

在《从优秀到卓越》中，作者通过对过去20年股市表现好的企业研究，总结出成功企业都存在以下基本特质：

一、优秀企业的领导大多来自于企业内部。

二、优秀企业的领导大多谦逊而执着。

三、飞轮效应。推动一个企业发展，就像推动一个飞轮，在同一个方向上不断用力。一开始虽然飞轮转得慢一些，但持续推动一段时间后，飞轮就会靠惯性转起来。

四、先人后事。领导最重要的工作就是选人。让合适的人在合适的时候上车，让不合适的人在合适的时候下车。至于选的人怎么开车、开到哪里，领导就不用操心了。上了车的合适的人自己知道车该怎么开、该开到哪里去。

五、优秀公司的负责人，都来自于集团内部。这条对公司的用人政策影响最大。

现在公司的核心领导CEO赵先明、CTO徐慧俊都是在那个年代选拔出来的。

公司坚持一贯的原则，从成功的团队中选拔管理干部。如果团队的领导优秀，提拔了，根据《从优秀到卓越》，接班人内部产生，该团队表现好的成员就顺理成章接班了。

2006年到2012年，业绩为王。

转眼到了2006年，《从优秀到卓越》没市场了。新的用人理念是：

一、专业。销售的人从销售产生，研发的人从研发产生。

二、业绩为王。在同岗位中，谁的业绩好就提拔谁，有时就简单看考核排名。

第五营销事业部的总经理武增奇就是靠业绩打出来的。

移动事业部一直是公司最重要的一块业务，截至2015年，除叶卫民总经理外移动事业部就没有产生过公司领导，我分析大概原因如下：

一、业绩好的领导不是公司的主流方向，不能提拔。

二、主流方向的，业绩不好，不能提拔。

三、移动事业部太重要，用新人风险大。用公司现任的领导，知道最差也差不到哪里。

移动事业部兄弟的悲哀。

2003年，中兴的3G产品全球排名第八，但该吹还是要吹的。没有什么商用样板点，我们就讲运营商对比测试的性能如何好，欧洲巡展客户的评价如何高。

再关注一下华为的市场宣传，他们的主基调很简单——数数。

华为与阿联酋Etisalat签订了全球第一个3G商用合同。

华为与香港SUNDAY签订了全球第二个3G商用合同。

华为与毛里求斯Emtel签订了全球第三个3G商用合同。

华为与马来西亚TM签订了全球第四个3G商用合同。

华为与荷兰移动运营商Telfort签订了全球第五个3G商用合同。

……

一次与华为的一个无线高管吃饭，不知道我是干啥的，讲了一些他们内部的事，说现在虽然对外宣布了几个商用局，其实已经签订了20多个合同了，品牌部会根据市场需要择机发布。

听得我一身冷汗，小妖一路小跑，赶紧回去向大王汇报。

最好的品牌宣传就是从一个胜利走向另一个胜利。

重复、有效，大道至简，更有说服力。

公司经营委员会

“大王，不好了！”

迅速整理汇报材料，把我们与华为在3G上的差距向公司的最高决策机构——经营委员会（简称经委会）汇报。

对对手取得的业绩，直接负责人往往会轻描淡写，觉得对手不过如此；旁边看的人，多是幸灾乐祸。你下去了，他才有机会上。

如果直接负责人是刚刚上任，则会把问题讲得更严重一些，把这盆屎扣在前任的头上，过了一段时间之后，业绩稍有进步，就可以炫耀自己如何力挽狂澜。给经委会汇报时，我在3G产品总经理的岗位上已经快有两年了，责任不能推给前任；做得不好，也不能歌功颂德，就客观地汇报产品经营的现状和面临的挑战。

我觉得自己最大的优势在于能够客观地看问题。立足现在，远观未来。

当然也有失败的时候，比如后来在子公司中兴高达，看得太远了，结果还没到目的地，自己的命就没了。

活着最重要。

活着，就有机会；死了，就万念俱灰。

大师兄黄达斌总批评我“脑袋比身子快”，对了一半。

有人评价日本人、美国人、德国人和中国人。日本人先做后说，美国人先说后做，德国人边说边做，中国人只说不做。有中国人自嘲的成分。

我的行事风格更像美国人，先说后做。

如果你已处于业界领先，我觉得可以边说边做或先说后做。如果你还处于劣势地位，最好还是先做后说，否则就成为其他企业的规划部了。就像现在的海能达，把中兴高达规划的产品都实现了。

汇报之后，经委会备感沉重，一时也没能拿出建设性意见。3G 领导小组组长谢总会后又专门给董事长侯总做了汇报。侯总说，我们的产品现状，还没有达到规模推广的程度，现阶段还是抓几个具体的点实现突破。

侯总讲的也是实情。我们的第一个利比亚商用局，我离任后公司投入了很多人，后来还把 V2 平台产品免费更换为 V3 平台产品才算完成交付。香港 CSL 是第二个商用局，投入就更大了，公司在这个项目的投资达 10 亿元以上，接任我的产品总经理方晖常驻香港指挥，半年白了少年头。方总本是文质彬彬书生一个，不抽烟不喝酒。后来再见方总时，办公室坐一会儿就拉着我到外面抽根烟，晚上不喝瓶啤酒都睡不着。这都是在香港 3G 交付时害的。

但我还是觉得公司应该采取更加有效的措施。在落实几个 3G 商用项目上也缺乏力度。在 3G 产品上，我觉得还是缺乏理想，没有远大目标，还是交换机时代的从国内走向国际、从农村包围城市的思维方式。现在国内没有 3G 牌照，不建；农村没有数据流量，不建。以前那套行不通了。

这件事对我打击很大，觉得公司进取心不够。与华为的差距已经这么大了，我们还是按自己的节奏按部就班地来做。

既然这样，那就活在当下。

得即高歌失即休，
多愁多恨亦悠悠。
今朝有酒今朝醉，
明日愁来明日愁。

WiMAX，注定的失败

一句笑话，我就成了WiMAX的产品总经理。

谢总是3G领导小组的组长，WCDMA、EVDO和WiMAX都是谢总负责。一次，我与WiMAX的核心团队在同一个会议室开会，看他们讨论问题半天没有结论，虽然我对WiMAX不太了解，但他们讲的那点事我还是听懂了。

实在看不下去，我就半开玩笑半认真地说："就你们这点事儿，有那么复杂吗？都是人的问题。让我来搞，一个月就理顺了。"

"可以呀，这倒是个主意，王守臣来弄弄。"谢总抬头笑眯眯地看着我说。

一个星期后，谢总找我谈话，说："你去管一段时间的WiMAX吧。这个团队比较弱，是由来自移动事业部和CDMA事业部两个不同部门的团队拼在一起的，文化有差异，思路不一致，你去解决一下。3G这块，你负责无线，方晖负责核心网，你们两个有一个就够了。让方晖接你吧。"

我心里有些不太情愿，因为相比WCDMA，WiMAX太小了。但也有一些对不确定未来的兴奋。怀着这样的心态就到了WiMAX产品线。

WiMAX产品有两个标准：802.16d和802.16e。802.16d是固定接入；802.16e是移动接入。我们的团队分两部分，一部分在上海，来自于移动事业部，做16d；一部分在深圳，来自于CDMA事业部，做16e。在研发上两个团队各管各的，互相也不太沟通。

团队内个人之间的矛盾往往是组织造成的。领导因为对下属忠诚度或者能力不信任，有时把岗位看作福利分果果，本应一个岗位做的事情分多人来做，自己又没有时间组织协调，下面的兄弟就很容易相互怼上了。

我来自于移动事业部，一段时间观察后，发现CDMA事业部的兄弟干活确实更卖命，移动接入802.16e也是产品的未来，就决定让来自CDMA事业部的姜涛做研发副总，把整个产品的研发负责起来。

由姜涛统一负责规划和研发产品，组织专家评审，不同意见都拿到桌面上来谈，以经营目标确定研发投入和时间排序。大家的思路也就逐步统一了。

一到这个岗位上，第一感觉就是需求特别多，项目特别小。不同国家间频率很多不一样。

做无线运营的前提是要有频率资源。为了弄清楚全球WiMAX的频率资源情况，我要求按国家纬度就以下几个问题进行调研：

1. 这个国家有WiMAX的频率资源吗？具体频率是什么？

2. 客户需求固定接入的16d还是移动接入16e？

3. 如果有了16e，客户还会建设16d吗？

一个月后，市场分析结果出来了。结论如下：

1. 很多国家没有规划WiMAX频段，规划了WiMAX频段的，频段也大多不同。有些国家根本没有空余频段可分配给WiMAX。有些频段适用的国家很少，不适合中兴这么大规模的公司去做。所以聚焦2.5 GHz和3.5 GHz两个主流频，其他频段的市场可以放弃了。

有了这个决策，一下子世界清静了下来，那些伪需求都明确回复不支持，销售和研发都少了很多事。

2. 16d和16e的需求都有。

3. 移动也可以做固定接入，固定是移动速度为零的一个特殊场景而已，所以有了16e，16d就不会有市场了。

再看看我们的产品规划，16e比16d晚半年就出来，心中萌生一个大胆的想法——16d的产品是不是可以不做了。

在一个公司里，决策做什么永远不会错；决策不做什么，很容易犯错误。因为不做的后果显而易见。

> 战略就是做减法。市场对做战略的人素质要求很高，既要看得准，还要心得狠。因为周围的人会不断提醒你，不做就错过了多么大的机遇，要能抵挡住诱惑不易。
>
> ——王博语录

于是我决定到WiMAX的鼻祖Intel去看看，看看WiMAX领导者——Intel是怎么规划产业未来的。

与中兴的美国专家一起去Intel，见到了WiMAX的负责人。请教了他们几个问题，他们的回答如下：

1. Intel是行业领导者，Intel会做同时支持16d和16e的芯片吗？

答：我们以后仅做支持16e的芯片。我们关心的是移动的PC如何连接到互联网。

2. 全球这么多不同频率，用户怎么在全球实现漫游？

答：不支持不同频率之间用户的漫游。PC用户的漫游是少数。

3. WiMAX考虑做个人手持终端并支持语音吗？

答：目前仅考虑数据接入。

Intel的最高领导人对用户需求认识也就这个水平，用户当然期望能漫游了，期望自己的PC可以随时随地接入互联网了，同时能提供语音服务。与WCDMA、LTE相比，WiMAX弱爆了。这使我坚信16d不用做了，16e市场空间也不大，也可以放弃。

后来了解到Intel为什么要做WiMAX，才对WiMAX产业的失败有了更深层次的理解。

Intel在PC机行业处于绝对领导地位，傲视群雄，可惜PC机市场经过高速发展后逐渐饱和，特别在移动互联网兴起之后，智能手机、平板替代了大量的PC市场，PC市场甚至开始走下坡路。Intel想，我是芯片业界的老大呀，不能止步于一个衰退的行业，在蒸蒸日上的移动互联网我也得分一杯羹。如果每个PC都可以随时随地接入互联网，我不就发大了吗？采用WCDMA、LTE接入互联网，建立不起Intel产品的护城河，于是乎，Intel决定成立一个联盟，自己牵头制定一个4G标准，WiMAX就此诞生了。因为Intel业界影响力巨大，很多小弟都跑来参加，看起来欣欣向荣。Intel认为自己足够强大，可以制定规则，可惜错了。从运营商到设备供应商根本不认可，众多跟随的小弟影响力不够，在WCDMA、LTE产业集团的打压下，WiMAX甚至连运营的先决条件——频率都拿不到。

Intel在WiMAX输得很惨。我看了看他们人的水平和思路，估计在其他移动产品领域也做不好。

公司像人一样，也有基因，公司组织、文化确定了公司擅长的领域。在这个领域做得好，在另外一个领域就很可能做不好。费德勒网球打得再好，也不会成为篮球冠军。

——王博语录

Intel在WiMAX失败了，财大气粗，日子可以继续过下去。其他跟着混的小弟就没有那么幸运了。北电宣布停止LTE的研发投入，聚焦WiMAX产业，结果倒闭了。我不知道北电的管理层怎么想的，猪也得不出这样的结论。

美国回来，给公司领导汇报后，就把WiMAX的16d产品线给砍掉了，团队解散，加入到别的研发领域。我还提出16e也没有必要大投入，做不做都可以。

后来16e还没有结论，我就离开这个岗位去国际市场了。

华为本来是不做WiMAX的，看见中兴做，内部研究后也开始投入了。正确的决策被带到沟里去了。

人是乌合之众，从众是大多数。

估计我是中兴第一个要求把自己负责的产品砍掉的人。在年底给公司总裁殷一民汇报时，我说："这半年没有给公司带来什么正贡献，但减少了公司的无效投入，也算是大功一件。"

领导不表扬的时候，要学会自我表扬。"不着急、不害怕、不要脸"的"三不"原则中，"不要脸"最重要（见后文"争做'三不'男人"）。

2011年，中兴决定退出WiMAX市场。这个决定也是我2011年从国际市场回来，再负责TDD LTE和WiMAX之后决定的。复盘一下过去8年WiMAX的经营结果是：

亏损、亏损、亏损、亏损、亏损、亏损、亏损、亏损。

体现了高度的一致性。

奔赴一线

WiMAX产品给自己整没了，WCDMA产品线回不去了。

又一次面临职业的重大选择。站在井冈山上，毛主席抽烟的地方，聆听内心的呼唤。

1998年毕业的时候，我最向往的事情是出国留学。那时候出国有很大的吸引力。在美国工作与在中国工作，收入差距巨大。自己也曾经为出国留学奋斗过。考过托福，也考过GRE。

1996年的托福、GRE培训，北有新东方，南有前进学院，知名度都很高。杭州没有什么有名的英语培训机构。有一个宁波的陈姓大学生，看到了这个机会，去上海请来了上海交通大学的许道正老师，到杭州来举办出国英语培训班。

欲取之，必先予之。许老师周末在杭州大学的大礼堂免费开试听课，我约了一帮同学前去，算是见识了世界上真正的侃爷。

许老师讲，学英语，有一定的词汇量是一切的基础，也是最繁重的工作。死记硬背不行，太累，易忘。如果技巧掌握了，背单词就会事半功倍，而且乐在其中。

教你背单词的许氏三法：

第一是英语的本质。英语的本质是一门象形文字。

对，没错，英语是一门象形文字。

许老师开始举证。“c”就是把什么东西包起来的意思，如close、cup、car等。cup就是把水包起来，car就是把人包起来。“h”就是梯子，多与建筑有关系，如house、hotel、hub等。“w”是水的波浪，如water、wave等。“w”与“m”的意思差不多，因为远古时候，古人记录，有的地方记录用w，有的地方记录用m，后人编写字典时，为了两波人都能在字典里找到对应的单词，就把这两个单词都收录到字典里了，都是同一个意思。如war与mar（词根）都是战争的意思。

掌握了这个规律，看看单词，基本的意思就可以猜出来了。就像汉字，识字不识字，先识半边字。

第二是词根。比如词根“a_，ac_，ad_”，ac_、ad_都是a_的变形，仅是为了发音，重复了单词的第一个字母。a_词根都主要有四个意思：

1. 表示强调，如 accelate（加速）、accurate（精确的）等。

2. “to”的意思，如 advice（建议）、addition（附加）等。

3. 否定的意思，如 aseptic（无菌的）、atheist（无神论者）等。

4. 表示方位，在……上，如 ahead（在前面）、aboard（在船上）等。

词根是记忆单词最重要的方法。

这样记住一个，掌握一族。

第三，联想记忆法。有些单词没有规律，适合采用联想记忆法。如 Hijack，是绑架的意思，用象形文字、词根来记忆都比较困难。但我们可以想想绑架时的场景，一个人拿着枪，顶着你说：“Hi，Jack，不许动！”看 jack 就这样被绑架了，Hijack 这个单词就记住了，绑架的意思。

（Jack 的名字在美国最普遍。一次见到一位中国女性，嫁了一个日本人，儿子生在美国，取名 Jack。意思为 American of Japanese and Chinese。这个名字可以）

再比如 abcus，是算盘的意思。这个单词没有规则，怎么记忆呢？这个单词由两部分组成“abc”和“us”。“us”美国的意思，“abc”通常表示基础的东西，如我们说英语基础知识，会说英语 abc。中国人做基础计算用算盘，美国人做基础的计算用 abcus。这么想，abcus 这个单词就记住了，算盘。也不容易忘记。

联想越是荒诞，越容易记忆。

许老师接着说：“我举这些例子，你们会觉得我是挑了一些单词来说明自己的理论。下面我计划带你们背这本朗文字典，大概有 2 万词汇吧，我们就按顺序一个单词一个单词来……”

我听得如痴如醉，当时就折服了。觉得以前的英语都算白学了，课后花了 200 元，迅速报了许老师的词汇班。

接下来的是托福试听课。许老师说，托福简单，没有那么多技巧。听力提升是个长期过程，我这里有过去 20 年所有的听力考试的录音，可以拷给大家回去多听。托福的题库是有限的，听的多了也会在考试中碰到原题。语法看一本《托福高分文法》，基本问题就都解决了，看后每套试卷还会错 1～2 题。全部做对也有难度，这个要多练习、多总结。

干脆托福班也报了吧，又 200 元。

后来托福我考了 613 分，这个成绩不算好，能用吧，在一起考的同学中算是中等水平。

接下来准备 GRE 考试。GRE 考试比较难，分三部分：文法、逻辑和数学。逻辑与数学对中国学生都不难，难在文法，首先要背 12000 的 GRE 词汇。现在看，考 GRE 把俞敏洪的红宝书背下来就可以了，关键是熟练掌握。那时候自负呀，觉得自己就是与别人不一样，背一本红宝书太简单了，要掌握更多词汇，我就背牛津词典，大概 54000 词汇吧。

早上 7 点带一本牛津词典就去图书馆了，晚上 10 点钟才回来。周六除外，周六晚上是固定的跳舞时间。那时候学校流行这个，我与王克瑜同学几乎是每周必去。

王克瑜同学说去跳舞的只有两种人。我问是不是男人与女人？王克瑜说：“No，泡与等着被泡。”

乾隆皇帝下江南，看见运河上船来船往，热闹异常，问：“来来往往这么多船都在忙什么？”纪晓岚答曰：“这船无非两只，一只为名，二只为利。”

天下熙熙皆为名来，天下攘攘皆为利往。

王克瑜同学对舞场的领悟与纪晓岚一个水平。

记得背牛津词典第一遍大概花了一个月时间，背第二遍花了半个月时间。最后看到一个单词就觉得似曾相识，但又理解不准确。一些很生僻的单词，能认识，而一些 GRE 考试里常用词汇却记不住。

人的局部部位不能过度使用，什么东西都有设计寿命，用多了就会坏。每天背单词时间长了，就开始头疼。看别的没事，一看英语就头疼，说明学英语用的部位与学其他东西用的部位不一样，这个可以作为未来诺贝尔奖课题研究一下。

下楼梯有时觉得一条腿长一条腿短，走路开始有点恍惚，情绪低落到了极点，真是有点神经了。

到医院看医生，医生说："你看着那个门的把手，走过去再走过来。"我照医生的要求走了两趟，医生说没啥事，好好休息一下就可以了。当时不知道医生判断的原理，直到 2002 年看一部电视剧《外科医生》，才知道如果人的大脑里长了肿瘤，走路走不成直线。医生当时让我看着门把手走过去，就是看我能不能走成直线。

适当放松，单词还得坚持背下去，GRE 还得准备下去。

转眼春节到了，睡醒了去食堂吃饭，一看也没有几个人，电视里在放着大家怎么样匆匆赶路回家过年的录像。看着看着眼泪禁不住流了下来。这是为啥呀？就为了出国，身体搞垮了，春节也不回家，值得吗？

不要和自己过不去。

于是我决定买火车票回家。立即行动，买了初二的票。

一旦动了回家的念头，心情就再不能平静，想妈妈了。虽然我们长大了，很多事情父母帮不上忙，但当遇到困难的时候，首先想到的还是父母，因为那是我们的来路。

何必要等到明天，现在就出发。

大年初一，火车站零零星星也没有几个人，查票也不严，我就拿着初二的票混上了初一的火车。

心里舒服极了，放纵的感觉真好。

离家越来越近，心情越来越好。

“你就这么放弃了吗？半途而废，以后你不会后悔吗？”离家越近，理智的声音越强。最后理智战胜了欲望。我在无锡下了火车，乘了一辆反方向的火车又回到了杭州。

到了杭州火车站一看，原来买的初二的火车票还没有过期，就把火车票退了。

占了国家的便宜，从结果看我还在原地，做的功为零，从这点看，不付火车票钱也是有理。

一天后我又回到了浙大，全身心准备 GRE 考试。

参加考试时感觉成绩不好，就把成绩主动取消了。这样以后再考，就不会有以前不好成绩的记录。

人生的第一次失败。

现在聚光科技（股票代码：300203）的创始人王健是我同学，我们差不多一起准备的托福和 GRE 考试。王健看我每天去背牛津词典，有一次问我：“老王呀，我就搞不懂你呀。把牛津词典背下来本身就很难，即使你全部背下来了，一套试卷也会有一两个单词不认识。我就背了俞敏洪的红宝书，一套试卷也就有 5 个单词不认识，你觉得一套试卷 5 个单词不认识与 1 个单词不认识有区别吗？”一语惊醒梦中人。

我费这么大劲干嘛呀！

其实也是被许道正老师误导了，一开始就背什么朗文词典。

后来我统计了一下，像我这样的傻人还挺多。我的一个可爱师弟，因为背字典，被搞得神经衰弱，现在过去 20 年了，还经常晚上睡不好觉。还有一个背牛津词典的同学，大冬天都是睡凉席的兄弟，绝顶聪明，毅力惊人，最后我们都同样的命运，GRE 没考好。

可以说，背词典的GRE成绩普遍不好，身体毛病还得了不少。

有人说，有两件事不做后悔一辈子，一是读金庸的小说，二是考GRE。

有一屁股的道理。

我再加一句：不正确的方法准备GRE考试，一辈子后悔。

读博期间，我们有一帮子兄弟，经常聚在一起。

孟晶住在二十室进门一楼的第一个房间，是我们到房间的必经之地。他房间有一个黑白电视，中午、晚饭、睡觉前我们都喜欢挤到孟晶房间一起侃大山。中午通常看永远看不完的连续剧——中央电视台的新闻30分。晚饭时我们一起追过的剧有：韩版的《西游记》，里面的孙悟空使的是三节棍，猪八戒踩的是滑板，别有一番趣味；《成长的烦恼》，我最喜欢《成长的烦恼》中最小的儿子Ben，脱俗可爱，不做作；《我爱我家》，陈鹏最佩服的是《我爱我家》中的老傅，讲道理一套一套的，还经常耍赖，老小孩儿一个。晚上下自习后，我们看的是《渴望》，刘慧芳与宋大成的恋爱故事让我们唏嘘不已。

那时候我们都喜欢打网球。浙大网球队几乎包揽了历届中国大学生网球比赛的冠亚军，这得益于网球运动在浙大的普及，有很多场地可提供，每学期都有网球课可选。我们都是网球迷，大家天天练，暗地里较着劲看谁打得好。在我们这群人中，陈鹏的网球打得最好，人也长得最帅，还长得有点冷，对了，有点像《流星花园》中的言承旭。他每次下场，都会引来不少女生驻足观看。

我与孟晶水平差不多。其中有一年孟晶到香港大学做研究，回来时带了一大堆别人打过的网球，但比我们自己买的新球质量还好，让我们玩得不亦乐乎。

我与孟晶走得最近，最后却分得最远。因为我们都认为自己网球打得好，对方不如自己，球人相轻，最后就走远了。

现在想想多么好笑。

孟晶毕业后就去加拿大了。孟晶，在加拿大还经常打网球吗？我现在打得很少了，如再见面，一定是你打得好。

陈鹏后来去了美国，又读了个博士，毕业后就到新加坡国立大学当教授了。陈鹏他爸就是教授，他自己是教授，再生个儿子做教授就是“教授三世同堂”了，也是一段佳话。

我考GRE时，陈鹏看我精神恍惚，就主动提出来，到我宿舍陪我住了两个星期。与他聊聊天好多了。人得了抑郁症，会越来越封闭，越想越负面。站在四楼的阳台上，有几次真想跳下去。想起年迈的父母，才坚持了下来。

陈鹏是患难中的兄弟，大学一别，也再未联系过。

在新加坡过得好吗？想你，看到请联系。

虽不再提起，却也未曾放下。一股暖意在心头。

顾永如是我们这群人里最不爱玩、最能写文章的同学，还与我一起发表了几篇文章，其实主要是他的成果。毕业后也到美国读了个博士。毕业后做芯片，干得不错，上一家创业公司被收购了，现在又在做一家创业公司。现在做到B轮融资了，方向是无线芯片。

王健是我们几个同学中发展最好的。当时托福考了满分，GRE考了2340分，给斯坦福大学的导师发了个邮件，第二天就告知他，如果情况属实，就直接录取了。

毕业两年后，同学中的一半都选择了出国留学，一半留在了国内。留在国内的，一部分去了贝尔、中兴、华为等这样的企业，一部分留校当了老师。

我是为数不多曾经为出国奋斗而没有成功的人之一，心有遗憾，但出国深造的愿望从未放弃。

2005年，公司在大力拓展国际市场，号召“最优秀的人到最需要的地方去”。做了三年的WCDMA产品总经理，在国际市场的布局上一直没有大的突破，以前总感觉是营销不够重视，现在何不自己杀向战场？英语学了这么多年，连个英文电影都看不懂，主要还是没有语言的环境，没有压力。未来的中国是世界的，熟悉掌握英语是一门必备技能。

综上三点，在井冈山上确定了未来的职业方向——国际市场。一为公司奋斗，二为拓展自己未来十年的职业技能，三为圆出国留学梦。最差就当带薪留学吧。

回来后，向负责第五营销事业部的叶卫民总报到，表达了自己的心声。

“正好，南美缺个区总，就你去吧。”叶总说。

记得那一天是2006年1月8日。

站在今天看昨天

温故而知新。站在今天，我们来复盘一下在3G时代的得失。

仰望星空，脚踏实地

2003年初，中兴的3G实力还不行，按我们内部评估，各设备供应商排名如下：

爱立信、诺基亚、NEC、摩托罗拉、北电、阿尔卡特、华为、中兴、UT Starcom。中兴排名第八，还担心被蒸蒸日上的第九UT Starcom超越了。排在我们前面的都有商用局，而我们的产品还在实验室。

现在3G、4G设备供应商共有四家：华为、中兴、爱立信、诺基亚。大家实力相近，已经说不清谁是第一谁是第四了。

就四家，其他都没了。先前排名中的五家不是倒闭就是退出这一市场了。15年前最疯狂的预言家也不敢预测这样的结果。

我的办公室对面有一个大型会议室，基本上是3G产品线专用。做3G产品总经理不久，我壮着胆子在会议室打了一个横幅标语——保八争七。确保第八名，争取第七名，激励团队。还有很多同事觉得我太能吹，问：“你计划把哪家干掉？”

这个标语一直挂在会议室没人注意，直到2009年，时任公司总裁殷一民在这个会议室与3G产品经营团队开会，看到了这个标语，说：“再挂着这个不合时宜了吧。”大家这才再次注意到，一阵唏嘘，摘了下来。

我们能有这样的进步，首先要感谢国家。因为只有在中国，才能为我们提供这么大的市场，这么多的人才，这么低的成本，有了与欧美企业竞争的资本。

现在中国的这些优势依然存在，并愈发强烈。我重复前面的观点，在每个行业里，都会有1～2家中国企业走在世界的最前列。

作为公司的领导，目标要仰望星空，工作要脚踏实地，就有机会实现全球领先的成就。

我目前所在的PowerWyse，从事功率半导体产业，虽然现在还很弱小，我们的愿景是“成为全球功率半导体产业的创新领导者”，仰望星空，脚踏实地，立足于技术创新，坚持这么做，相信这个目标一定可以实现。

我的口碑不好，因为我定的目标当年多数实现不来。

我的口碑也没有差到臭不可闻，因为我定的目标第二年基本都实现了。

现任总裁赵先明博士在一次无线经营部会议上是这么笑评我的。

前期不投入，后期投十倍

3G产品的经营非常艰辛。上千人的研发队伍，推出一代产品，还没有销售，性能指标就开始落后了，又不得不投入到下一代产品的研发。V1产品做了些原型机验证，没有走出实验室；V2产品参加了工信部、中国移动组织的测试，没有形成商用合同；V3产品仅开通了利比亚一个商用局，最后商用时还被自己的第四代SDR基站（Software Defined Radio，软件定义无线电）给替换了。每代产品的开发都是上亿元的投资，跨度一年以上。直到SDR基站，WCDMA产品线才算取得了真正的商业成功。

2008年中国联通WCDMA招标要求三个商用局合同。中兴刚好三个，利比亚Libyana 3G商用局、巴西电信3G商用局和香港CSL 3G商用局。巴西电信的3G项目，是我在南美做区总时，国代袁列努力拿下的，项目亏损1亿元；香港CSL项目是侯董事长决策拿下的，整个项目亏损10亿元。这些都是为进入3G市场交的门票。我想如果研发初期投入大一些，早日积累起品牌，后期的投入估计就不会这么大。

也许公司在当时确实也没有资金可投入。看着是个有钱的样子，其实公司也穷得不知道下顿吃啥。

晋惠帝执政时期，对事物没有全面认知。有一年发生饥荒，百姓没有粮食吃，只有挖草根，食观音土，许多百姓因此被活活饿死。消息被迅速报到了皇宫中，晋惠帝坐在高高的皇座上听完了大臣的奏报后，大为不解。“善良”的晋惠帝很想为他的子民做点事情，经过冥思苦想后终于悟出了一个“解决方案”曰：“百姓无粟米充饥，何不食肉糜？”

同理，不在其位，不知其苦。也许当时也只有这么个活法。

在更长的窗口内做规划

总结 WCDMA 产品总经理三年任期，我最大的贡献就是提出了“一年内中国不会下发 3G 牌照，现在繁琐的测试不会对未来招标造成影响”，把研发资源聚焦到未来上市的产品上来，为一年后产品竞争力的提升奠定了基础。

今天我们认为重要的事情，一年后看，可能屁也不是。现在的忙忙碌碌，也许对未来的贡献是零。这就要求我们增强对未来的预判能力，在更长的窗口内做规划，少做无用功。

同样的理念，在我负责西班牙电信客户期间再次起了很大的作用。没有把精力放在客户正在采购的、有确定短名单的产品突破上，而把精力聚焦在客户正在寻求合作伙伴、没有短名单限制的新产品上。日积月累，成果斐然。

考核导向不同，造就不同的行为方式

“信息、策划、组织、教练、考评”是侯董事长提炼的管理干部工作十字方针。信息很重要，粟裕“七战七捷”，是因为粟裕俘虏了国民党的电报员。国民党发送的电报国民党还没有翻译出来，粟裕已经翻译出来了。有了信息就可以策划，分析确定目标是什么，怎么做。真正要做好，还得组织好，使得团队运作高效，不打乱仗。在运作的过程中，要以身作则，培养队伍，提升团队成员的作战技能。通过考评，激励先进，鞭策后进，那些确实没能力、没动力的员工要从团队中淘汰出去。

人是趋利的，考核倡导什么，员工就做什么。

在公司相当长的一段时间内，公司考核任务完成率。年度任务完成得好，考核就好。这样的考核有个弊端，要求定任务的人能力要强。实际上定任务的人根本没有完成任务的人对目标更了解，所以很多时候也是乱定一气，任务定低的高兴，任务定高的怨气。同时也助长一种不良风气，大家争相降低任务目标。

在海兴电力的时候，参加了华为前员工组织的一个管理培训班，说目标是领导定的，下级是为完成目标找路径，而不是为完不成任务找理由。我觉得很有道理。

我最佩服倪勤总，我的职场第一位教练。倪总说："对市场我从来不说'不'，我把说'不'的机会留给市场。"比如市场的人会要求产品开发一些新功能，倪总觉得这些功能不重要，可以不做，倪总会说："亲爱的，如果你能拿下2亿的项目，我就给你开发这些功能。"基本上没信心的人就不会再提这些不合理需求了。

2006年在哥伦比亚与侯董事长谈考核时，侯总说这样的考核方式有缺陷，考核要从任务完成率、市场占有率、竞争对手差距比三个维度来考量。这个指导意见现在看也非常正确，可惜公司的考核制度多年未改变，没有营造出一种"争先恐后、敢于挑战"的欣欣向荣局面。

员工做领导考核的，员工不做领导期望的。

——王博语录

别人"宠"，不如自己"宠"

人近50，已经翻过了山顶，开始走下坡路。上坡是爬，下坡是滚，很快就会到生命的终点。

其实人生在世，没有什么事情是最重要的。美食给我们享受，性给我们快感，其实都是诱惑我们活下去，本质是为了基因的繁衍。自私的基因，控制着我们，其实就是为了自己的延续。

我们每天想着要为人类发展做贡献，改善人们的生活。其实现在享有巨大丰富物质的人们并不比宋朝的人幸福多少。把几百万年的人类历史长河做出一条曲线，自己连个点都算不上。

人生短暂，奋斗中，适当宠宠自己。求人不如求己，别人“宠”，不如自己“宠”。

第四章

南美风情

（2006—2008）

中兴通讯的国际化

1998 年中兴通讯在巴基斯坦获得了上亿美金的交换机项目合同，标志着中兴通讯向国际市场拓展的正式开始。

1999 年后，公司所有组织改革，如建设地区平台、成立区域市场部等，都是为了适应公司国际化发展的需要。公司内部认为，拓展国际市场是一个生存问题，而不仅仅是一个壮大的问题，可见国际化在公司经营中的重要性。国内市场相对稳定，国际市场空间更大，每个地区、每个国家需求都有特殊性，发达国家、发展中国家的产品需求也有很大不同，对产品的研发提出了挑战。除了产品上与国内需求的差异外，更突出的短板在于国际人才的选拔。

随着对国际市场认识的加深，公司对国际市场的人才使用也可分为三个阶段：

第一阶段：语言好，能与客户交流（1998—2004）。懂不懂技术、会不会做生意不重要。这时候的国际市场负责人主要来自于语言类专业。

第二阶段：业务重要，语言不行配翻译（2005—2008）。后来公司发现光语言好没用，关键还是要讲到点子上。2005—2006 年，公司从国内选拔了一批“双最”人才派往国际。号召最优秀的人到最优秀的地方去。在国际市场上，公司倾向于选择懂业务的管理干部，如果语言不行，就配翻译。

第三阶段：语言与业务兼备（2008 年到现在）。公司国际化时间越长，沉淀下来的人就越多，新入职的员工，英语也越来越好，逐步就过渡到了第三个阶段。

我到南美片区工作，是属于典型的国际市场发展的第二阶段。

给王思维同志的一封信

亲爱的王思维同志：

不知道 12 岁的你，是否还喜欢“王思维”这个名字。

王思维是你的大名，妈妈给你起的，概是想让你遇事要深思熟虑、好好学习之意。你小名叫“聪聪”，可见妈妈是多么关心你的学习。1 岁时，妈妈就给你起英文名字，列了 20 多个让你选，而你独爱 Antonio 这个西班牙的名字。那时1岁的你就知道爸爸在西班牙语区工作吗？非要给自己取个西班牙的名字。我觉得这种巧合就是我们成为父子的天意。你3岁的时候，我时隔半年见到你，找不到一个词表达见到你的喜悦之情，就叫你宝贝蛋蛋。你虽不明“宝贝蛋蛋”的具体含义，但感受到了我长别后见到你的喜悦情绪，笑得合不拢嘴。有次无意中叫你“王思维同志”，你问我“同志”是什么意思，我解释曰“同志乃志同道合之意”。你很喜欢这个称谓，说以后我高兴的时候就叫你王思维同志，一般或不高兴的时候就叫你王思维，这是只有我们两个才知道的约定。

今年你已经上六年级了，寒假作业布置了阅读台湾作家龙应台的《亲爱的安德烈》，并要求父母给孩子写一封信。我早有此意。想给你说点什么，在一起时又不知道如何表述，现在就用这个机会，与宝贝蛋蛋聊聊，用“亲爱的王思维同志”这个你我约定的名字开头。

你来到这个世界上非常不易。妈妈怀孕的时候，心律不齐，一开始就担心能不能母子平安。妈妈怀你7个月的时候，检查出你脑积水偏高，达到了12毫米。那时妈妈经常以泪洗面，庆幸的是在后来的检查中脑积水逐渐下降，恢复到了正常值。

生儿育女是一项高风险的事业，既希望儿女能遗传爸爸妈妈的所有优点，又担心刚好相反；有时候希望你能与爸爸一模一样，有时候又希望你与爸爸不一样，能多些变异，不再有爸爸身上所有的缺点。

其实你就是你，一朵不一样的花朵。遗传决定了你的大部分，后天的学习也是你拥有幸福人生的重要因素。我经常想，你出生前的异象就预示着你将拥有不同凡响的人生。

你8岁时，有一次我们讨论“你觉得爸爸最对不起你的一件事情是什么？”你说是我不经常陪你玩。我说不是。你想很久想不出，我说是你的出生。

儿子，你是2月26日出生的，但你的预产期是3月7日。那时爸爸决定到南美工作，1月初公司就发了任命，工作的责任心使我不能等到你顺利出生，又想出国前看一眼自己的宝贝儿子。伟大的妈妈在咨询医生后，做了一个艰难的决定：如果2月26日前就顺产，如果2月26日后就剖腹产，我定了2月28日去巴西的航班。

你1岁不到就会说话，1岁半时外婆就教你识字，可以读一本普通读物了，已经掌握了10以内的加减法。6岁就坐在床头，认真研究π是什么，开始计算圆周率，这是爸爸到高中时才明白的道理。你，思维，人如其名。

缺点是多动，而且动作不太协调。上幼儿园大班时，跳绳比赛，全班同学不会跳绳的有三个同学，你就是其中的一个。

我常常把这些缺点归罪于我，是因为我那么功利，才让你早几日从妈妈的肚子里出来，这些小缺点都与早出生有关。

当我告知你这一切的时候，我想你应该有惊讶、愤怒，或者遗憾，而你却淡淡地说，这些都没什么。

2017年，是你进步最大的一年，脱胎换骨，以上这两个缺点都有效克服了，要给你点一个大大的赞。

你的天文、建筑、数学等知识都很好，缺点在历史。我们经常一起比知识点，你胜多负少，我由衷佩服。有些知识我不服气，想再学习一下，可惜已经错过了最佳的学习年龄，看了也记不住了。

有个叫董立虎的叔叔，知道的东西非常多，董叔叔说很多东西都是他初中的时候看的，那时候看的书现在还记得，是为自己读书；现在再看的书，往往就记不得了，不知道为谁读书。刘迎兵叔叔很喜欢看书，他为了培养儿子的读书习惯，儿子小的时候，他把希望儿子看的书放在书架低的地方，等儿子长高时又把希望儿子看的书放在书架高的地方，方便儿子看到。厕所也放几本，不经意间家里的书都被他儿子看完了。有个赵宇叔叔，与爸爸年龄差不多，现在还在坚持每年读50本书，这些都是我们很好的学习榜样。我最近看了你学校推荐的课外读物《老人与海》《亲爱的安德烈》《基督的故事》等，补了一下爸爸儿时无书可看的遗憾，觉得特别幸福。中学阶段是学习知识的最佳阶段，要把握好。

“文明其精神，野蛮其体魄”，锻炼身体也很重要。中国的最高学府清华大学的操场上就写着几个醒目的大字，锻炼身体“为祖国健康工作五十年”。最近你锻炼身体的热情有所提高，要继续保持。

爸爸现在每天坚持跑步5公里，刚开始是强迫自己跑，休息是奖励；坚持半年后，运动成了习惯，觉得运动是享受。如果天气不好运动不成，反而是惩罚了。你奶奶已经坚持晨练40年了。我们家有运动的基因，加油！

你们这一代的人生，一定是不同于爸爸妈妈这一代的人生。我们生活在物质短缺的年代，现在也把大量的精力用于追求物质，少了些情趣。你们生活在物质极大丰富的年代，生活可以更加丰富和从容。

不着急，多学习，做个有趣的人；不害怕，做个诚信的人。按着自己的节奏一步一步往前走，踏实、从容、快乐，追求自己的幸福人生。

不觉已到凌晨三点，与儿说了这些想说的话。这个春节未能一起过，很是遗憾。我要睡觉了，希望在梦中遇见最可爱的你。

爸爸

2018年大年初二凌晨

王思维同志给爸爸的回信

爸：

读你的信我觉得挺意外，原本以为你只是我们家的路人甲，没想到你的记忆里留有挺多我的一点一滴。

我学说话时，妈妈教我最多的两个字就是“bà ba”。据说我发的第一个音就是“bà ba”，那是我在拉粑粑时发出来的。妈妈说那时我6个月。

在我小时候，你一年才能回家两三次，看到你在我们家，我总是很不习惯。爸爸对我来说就是一个名词而已，我认为爸爸是几乎不存在的。我很少想起爸爸，10岁那年，有一个周末突然想起了爸爸，我便问妈妈：“妈妈，爸爸这个周末来不来我们家?”妈妈对此很惊讶，爸爸却跟我一样，丝毫没觉得异样。

其实直到最近这一年，我对“爸爸”才有了比较明确的概念。

妈妈认为，爸爸确实应该多回家，作为男孩，我更需要一个男人的陪伴。爸爸也许可以教儿子很多男人处事的方式，爸爸可以带给儿子刚强的意志。妈妈更多的是用心地呵护。这么说来，我缺乏男子汉的气概是爸爸的责任了吧。

爸爸的教育方法确实和妈妈不同。妈妈更多的是指出我的问题，而你更倾向于表扬和鼓励。这两者对我都很重要。但是你确实有时候太没原则。比如你有时候会提出半夜三更带我去骑车或让我随心所欲地吃汉堡王等。我妈会因为你的没原则而生气，你又会责怪妈妈太小心。妈妈说，妈妈做好妈妈的职责，爸爸就应该做好爸爸的职责。我也是这样觉得的。

在我的印象里，你在家大部分时间在呼呼大睡，其他时间都在忙各种各样的工作，偶尔会陪我去外面骑骑车吃吃饭。我们能聊的太少了，所以坐下来就各自翻看手机进入自己的状态。现在想想，我们浪费了多少交流的时间？妈妈总是说，爸爸博学，涉世深，读的书又多，应该多跟儿子聊，将这些知识传授给儿子。家里最多的是书，不是我的，是爸爸的，但是爸爸几乎没给我讲过一本。其实你曾经试着给我讲过《三国演义》，因为讲得实在不生动，很迅速地把我对历史读物的兴趣扑灭了。直到最近妈妈让我从头开始听《三国演义》，我才发现其实这是多么精彩的一本书。妈妈说有些人可能就是比较内敛吧。

但是，我知道你一直在为我骄傲。你总可以看到我的优点。每当我稍微有些亮眼的成绩，你就会乐得合不拢嘴，然后你会偷偷地把功劳归于自己。每次当我写一篇好的作文，你都会发到朋友圈，然后等着大家来赞美。你的没有原则也是对我宠爱的表示。其实我都知道。

我从爸爸妈妈处遗传到了聪明，从小我的成绩就名列前茅。但是我的运动能力差，以及不够大度，这也有一部分是爸爸的责任吧。我 6 岁才敢玩滑滑梯，9 岁才敢骑两轮自行车，也许是因为我的童年缺少一个爸爸的角色。

我的爸爸不需要有多伟大，不需要多有钱，不需要多有名，我只是想要一个爸爸陪伴。一起阅读，一起骑车，一起放肆地讲笑话，一起没有烦恼地玩耍。你陪我快快成长，我看你慢慢变老，就是很幸福的事。

对了，你最近两年教会了我很多金融知识，我懂得了什么是投资，我学到了很多经济术语，我也开始理财。这些对我的未来很重要。你一直是我们家坚强的经济支柱。妈妈总是对我说：要尊敬爸爸，没有爸爸，你就没有眼前这一切，就没有这个家。感谢妈妈一直提醒我，也感谢爸爸对我的一些无理要求一直以来的宽容。

我已经要进入青春期了，据说青春期之后，儿子会跟爸爸更加亲密。

你觉得会吗？

王思维同志

2018 年 6 月 4 日

“一看就是小时候出自穷苦家境”

2006 年 2 月赴任南美区域总经理两周之后，公司执行副总裁、财务总监韦在胜就到南美来考察工作。

韦总是财务专业的，但很奇怪他似乎对技术也很在行，与客户谈起技术来也是一套一套的，我都怀疑他并非财务科班出身，前世是搞技术的。

韦总对公司在南美市场的发展评价较差，觉得多年来未形成普遍的客户关系，业绩靠委内瑞拉的一个项目和手机业务支撑，内部队伍没有建设好是一个根本原因。内因决定外因，也是马克思思想的正确世界观。

韦总来我们的办公室，看到楼梯旁的一大盆花已经枯萎了，但还放在那里，没有人浇水，也没有人移走，随即指出我们缺乏管理意识，对存在的问题熟视无睹。

组织运作是否有效往往是通过细节表达出来的。

原来接入事业部的总经理倪勤就有一个平时到处走走的习惯。早上七点半就到公司到处转转，碰上同事就与这个聊聊，那个谈谈，发现问题，解决问题。

小事情可以看出大问题。

在巴西，我们住在 Alpha Village，圣保罗的一个社区，巴西足球队的队长卡福就住在我们的斜对面。经常会来一些国内的中国朋友，在国外生活一段时间后就想吃中餐，我们就邀请他们到我们的别墅吃火锅。饭后一个重要的活动就是到卡福的家门口，把他喊出来，给大家签名。卡福也很热情，只要他在，总会满足我们的需求。

闲暇之余，陪韦总到小区后面的花园散步，花园里养了很多动物，鸡鸭鱼都有，也有白天鹅。韦总看着这些动物，突然讲起连绵的天灾人祸使时常处于饥饿的人形成一种反射，一看到什么东西首先联想到的就是食物。看见只鹅，意识里涌现出的是，一只烤鹅啊。看见鸽子，乳鸽吧。看见狗，灵川狗肉，花江狗肉。呵呵！

几个人走着走着，看见一棵树，枝头上面长满红红的果子，我疾走几步上前，好奇地摘了一颗放进嘴里，一边尝，一边说："啥东西?"后面跟上来的韦总却在看着我，实在憋不住地笑了，说："守臣，你这个博士一看就是小时候出自穷苦家境，看到东西首先想到的是能不能吃。"后来才知道，那红果子竟然是咖啡树的果实。

儿时所经历的影响一生。

请紧紧抓住我的手

韦总考察巴西之后，我就与手机的产品总经理李跃华去阿根廷，拜访Telcom的客户。

我们一行三人，李总、我、当时阿根廷的国代孟靖。孟总是为数不多的女国代，漂亮。我去时，她已经在南美五年了，标准的老国际。

李总是中兴通讯创始人之一，对手机产品很熟悉，又在美国工作过几年，英语流利，所以与客户交流很投入。我那时英语很差，基本听不懂。

再加上时差还没有倒过来，听着听着就想睡觉了。我想努力睁开双眼，但千斤重的眼皮又压了回来。痛苦得我用力地掐自己手上的虎口，期望用疼痛来减轻睡意，但于事无补。

“王总，您困了吗?”

一只温柔的手搭在我的手臂上，一股暖流立马浸入心田。

顿时睡意全无。

可是那只温柔的手迅速缩了回去，我的睡意立即重新袭来……

不知道是怎么坚持到最后的。出来后孟总跟我打趣，取笑我见客户打瞌睡。我向她展示了被自己掐得几乎出血的手，说“真要打瞌睡，这些都没有效果，还是你拉我的那一下有效。下次，请你紧紧抓住我的手”。

男女搭配，

干活不累。

那次，也不知道流哈喇子了没有……

学语言

学语言，一靠天赋，二靠环境，三靠年轻。

巴西的老穆（穆罕默德），摩洛哥人，就有语言天赋。能讲七国语言：阿拉伯语、法语、西班牙语、英语、汉语、葡萄牙语和意大利语。摩洛哥是非洲的一个阿拉伯国家，曾经是法国和西班牙的殖民地，所以老穆能讲阿拉伯语、法语、西班牙语并不奇怪。英语是全球通用的语言，老穆又在中国留学，是中国邮电大学的硕士，所以英文、中文都很流利。西班牙语、葡萄牙语和意大利语都是拉丁语系，一个西班牙人、一个葡萄牙人和一个意大利人坐在一起用自己的母语聊天，就和我们一个东北人、一个四川人、一个河南人聊天差不多，基本都能听懂。

巴西有一个高端客户经理 Polo，荷兰人。这个人是位人精，是巴西最大运营商 VIVO 的 CTO 推荐给我的。国际化就是本地化，做好国际市场，就是要培养、发展本地员工。你看成功的企业，IBM、微软、爱立信、诺基亚等，在中国的负责人都是中国人。但中国的企业在海外，最大的头儿都还是中国人。为什么中国国际化成功的企业在海外当地最大的头儿都还是中国人呢？一段时间后我明白了，主要是中国企业的总部跟不上，总部的国际化程度不够，给外籍员工讲不清楚公司的目标、规则和方案。中国人不强求，用中国人的智慧——因地制宜。当地一把手用中国人，对公司的目标、规则和方案都清楚；高端的客户经理用本地人，对客户熟悉。这样“1 + 1”或“1 + n”，手把手往前走。Polo 就是本地化的成功典范。

荷兰是一个移民国家，这儿什么国家的人都有，学习语言的机会就多。荷兰语，和英语很像，英、德、荷兰语同属印欧语系日耳曼语族西支。Polo 又长期在西班牙和巴西工作，所以 Polo 能讲流利的五国语言：荷兰语、英语、德语、西班牙语和葡萄牙语。

杨广平总是安徽人，在贵阳长大，毕业后又在广州、重庆工作，所以会说很多地方话，而且都讲得很流利。见了客户，客户讲什么语言，杨总就用什么语言，关系马上就拉近了。

这些都是语言学得好“靠天赋、靠环境”的典型案例。

此外，年龄也很重要，小的时候学语言容易。我在委内瑞拉时，认识一个新华社的朋友，他们夫妻俩都是北京外国语大学西语专业毕业的，在委内瑞拉工作，儿子 4 岁时从国内接到了委内瑞拉。他们把儿子送到委内瑞拉当地的幼儿园，去时就教了两个单词“Auga（水）”和

“Orina（尿）”，不要渴死不要憋死，结果他儿子当天回家就会说几句西班牙语了。

年龄太小也不行。有个朋友生了个儿子，两岁了还不太会说话，很着急，带去医院看医生。医生检查了半天也没有发现什么毛病，就问朋友家里都有些什么人，分别讲什么话。朋友说，自己讲普通话，儿子外婆讲上海话，儿子奶奶讲四川话。医生说：“这就对了，你们家的语系太复杂了，小朋友不知道该学什么。家里人统一一下语系，你家儿子很快就会说话了。”朋友计从医生，儿子的语言问题很快得到了解决。

我出生于山西农家，小学在南洼村，那时候以为全世界的人都说中国话。小升初时，我考了个常张乡的前10名，就升入县重点中学——石哲中学。

初中就有了英语课。英语老师，年轻漂亮，专业出身。可惜一开学我就生病，错过了头几节课。等我回来的时候，字母基本都快学完了，我就抓紧背。学了字母，还得背单词，说Face读［fes］，就觉得很奇怪，不就是应该读字母f-a-c-e吗？

音标不怎么会，就用汉字的发音来标注。behind标注为“B行你的”，这里的“行”发音是银行的“行”。过了几天忘了，就读成“B行你的”，自行车的“行”。

How do you do？标注为“好肚牛肚”，闹了很多笑话。

半年后，英语老师结婚就调走了，我们就一直没有开英语课。直到初三最后一学期，为了准备中考，派了一位语文老师来给我们上英语。

中考考了55.5分，同学笑我是“三五”牌香烟。不过庆幸英语考得不好。班上成绩好的都考上了中专走了，那时毕业后能有一份正式工作，是大家最大的梦想。像我这样中专考不上成绩又较好的，就上了高中。

我们家毛叔叔在教育局工作，找人推荐了一下，我就入学到了山西省重点高中——晋东南师专附中，又名太行中学。

在太行中学，我们的英语老师叫饶峰，广东人，二十六七岁，留着马克思风格的胡子，在众多着装平凡的教师中，显得与众不同。

太行中学面向全市招生，学生水平良莠不齐，所以一入学就做了摸底考试。

英语，我又考了 55.5 分，超稳定发挥。在同学中，中等偏下。一看总体基础比较差，于是饶老师决定从初中第四册开始教起。我基础更差，就主动从第二册学起。

两周后的一天，我打开作业本，发现有饶老师的一个批语："守臣，如果你学习英语需要我的帮助，随时都可以来找我。每天早自习，我都会过来，有问题就问我。"

一阵惊喜，被老师书面鼓励，学习英语的热情空前高涨。把每天不清楚的问题记录下来，趁早上饶老师专门在我的座位旁停下来的机会，一一请教。

现在知道英语考试主要就是词汇、语法和阅读。词汇与阅读理解容易，唯独不理解语法。

高中时我们班上有个同学叫鲁钰，个子比较小，坐在第一排，每天从前跑到后的胡闹，不学习。但全班成绩最好，高一就考上大学走了。

鲁钰的父母是晋东南师专的老师，太行中学是晋东南师专的附中。学校离鲁钰家很近，一天晚上去鲁钰家玩，发现鲁钰的床头上贴的全是英语的各种语法：现在式，过去式，过去完成式……把这些时态放在一起一比较，我豁然开朗，英语的语法不就是个时态变换吗，用不同的时态表达一个动作是什么时候完成的，以及完成了没有。

打通了时态这一关，顿时感觉任脉通了，看英语没有以前那么复杂了。但有些题目还是不知所以。

常中昱英语最好，我就拿着一张试卷去问，为什么填空题“It was yesterday ________ I met Tom in the street.”，用 that 而不用 when? 中昱一看，说：“这是强调句型呀，在强调句中不管强调的是什么都用 that。”我将信将疑，中昱打开英语高中第一册第一课 Karl Marx 后面的备注，指给我看。

中昱教会了我句型，顿时感觉督脉也通了。

任督二脉通了，原来觉得复杂的英语顿时简单了起来。高中第一学期英语考试，我考了 80 多分。

到现在所学的英语都是应试英语，考试可以，听、说、写都不行。到了大学，英语考试增加听力，一般 20 分，估计每次答对的正确率在 25%左右。

大学里考试唯一忐忑的课程就是英语，不知道能不能过。第一次国家英语四级考试，我们宿舍八个兄弟，就我一个人没过，又考了 55.5 分。

下学期再考，没有准备，结果却过了。

我的英语成绩，具备波粒二象性，符合测不准定律，但中值是一个常数——55.5。

博士期间通过托福、GRE 考试，英语有了很大的提升，但在听、说、写等实用方面还有很大的差距。

找一个学习英语的环境，是我到海外工作的一个重要理由。现在环境有了，而且压力巨大。

说英语最重要的是“三不”原则中的“不要脸”，要敢说。这个我可以。在第一次巴西全体会议上，我就用英语讲，“I will try to express my ideas, even my English is poor. If something I can not make it clear, I will speak in Chinese, Mr. Sun will translate for me.”

典型的中国式英语。现在知道说“自己英语不好”，要说“My English is not effective.”而不要说“My English is poor.”就像讲“我们的产品经济实惠”，要说“Our solution is cost-effective.”而不能说“Our solution is cheap.”cheap显得很低档。评价英语好不好，用词也是一个方面。

大会很成功，80%的交流都是用英语完成的，这个成绩极大地鼓舞了我。我有时候想，我们在国外就是老外，英语如果讲得像当地人一样好，当地人会多没面子？交流不仅是语言，还有情感。语言不行，情感补足，有时效果更好。当地人就喜欢看老外说不清楚着急的样子，正好显示一下他的优越性，过来帮帮你。

实用英语不同于应试英语，学习实用英语就要采用实用的方法。

策略：用啥学啥。

于是我把邮件中写得好的邮件打印下来，一篇篇地背。早上我坚持5点钟起来学英语，等同事8点去上班的时候，我已经学习英语3个小时了。

后来，移动事业部的商务副部长孙明亮加入了南美，他的英语基础与我差不多。他的学习方式是把平常的谈话录下来，一遍遍听，效果似乎更好。我“不要脸”还练习得不够。

两个月后，我们就基本过了语言关，能与客户、员工做日常交流了。再进一步提升英语的动力就不大了。

三年后，我去西班牙负责西班牙电信，全球第五大运营商客户，有机会去了趟英国，发现听英国人讲英语70%听不懂。心里有点难受。后来碰到负责国际市场的一个领导，我把自己的体会讲给他听，他说：“没啥，我管了这么多国家，就四个国家的英语听不太懂。”

“哪四个？”

“英国、美国、澳大利亚、加拿大。”

我倒。

“天将降大任于斯人也，必先苦其心志，劳其筋骨，饿其体肤，空乏其身，行拂乱其所为，所以动心忍性，曾益其所不能。”

希望你我都能坚持下去，希望我们的努力都不会白费，希望我们吃的那些苦，能够照亮前进的路，最终如愿以偿。

共勉！

我们的问题出在哪儿

中兴通讯国际市场共分为14个片区，2005年南美片区年终考核排名第13位。好有好的理由，差也有差的原因。上任一个月后，把落后的原因总结如下：

一、距离总部太远，得不到总部的支持。

人大多趋利，组织亦然。南美片区市场没有发展起来，所以产品线就没有规划符合南美片区的产品。碰巧南美需求与全球其他地区的通信产品还有很大的不同，所以也无法借用公司成熟的产品。如GSM产品，南美多数国家的工作频率是1.9 GHz，除南美外其他地区这个频率应用很少。每次南美GSM招标我们就面临没有产品可供的局面。

先有鸡还是先有蛋，是大家一直争论的问题。对于有理想的公司，确定的需求，要先有鸡（产品），因为蛋（市场）就在那里，如果想要拥有蛋（市场），鸡（产品）是迟早要做的，晚做不如早做。华为是先有鸡，后有蛋。中兴是时而先有鸡，时而先有蛋。鸡？蛋？蛋？鸡？这是一个问题。

我是产品线出身，先有产品对销售来讲是难解决的问题，我可以解决。产品线做产品研发投入，也要看投入产出。如果营销给产品线承诺，给产品线以信心，产品线还是会投入的。

既然要求产品投入，营销必须承诺目标。只要求投入，不承诺目标，营销就是耍流氓。

——王博语录

二、南美运营商的格局，决定了市场空间。

南美片区整个运营商投资中，跨国运营商西班牙电信占了1/3，墨西哥电信占了1/3，本土运营商占了1/3。西班牙电信和墨西哥电信的采购分别由在西班牙、墨西哥的总部决策。要实现采购，首先要进入总部的短名单。当时，中兴的产品没有一个在短名单里面。进入短名单，需要交流、测试、商务谈判等过程，更难的是一旦运营商确定了短名单，一般没有特殊理由就不再更换。所以要想成为跨国运营商的供应商，进入他们的短名单，需要从运营商准备引进这个产品的初始阶段就介入，从RFI（Request for Information）、RFP（Request for Proposal）到RFQ（Request for Quotation），整个流程，一个也不能少。

南美片区运营商的投资占了全球运营商总投资的6%，总额比较大，是非洲运营商总投资的两倍，但我们现在可参与的市场仅有1/3。

你会说，万事开头难，那你先把西班牙电信、墨西哥电信总部的工作做起来，从短名单做起。

你说的对，但西班牙电信总部归西欧片区管，墨西哥电信归北美片区管。南美片区只负责巴拿马以南的17个国家。所以这两个跨国运营商的总部得由西欧片区和北美片区来做。

你会说，既然重要，那让他们去做呀！

西欧片区、北美片区都有自己的考核任务，自己的工作还忙不过来，哪有时间做这些出力大、见效慢，见效了业绩还要归南美片区，与自己没有一毛钱关系的事。

公司的现状就是这么一个怪圈！知道重要，也知道该怎么做，却一直落实不到位，我觉得这就是近几年管理中出现的最大问题，责权利不对等。

解决这个问题有难度，先给公司汇报，看总部怎么考虑。

现在我明白了在我到南美片区之前一位高级副总裁的一席话："南美难做。你既然决定了去南美片区，我就教你一招。一定要把负责总部工作的西班牙和墨西哥总监办划入南美片区，否则，绝无做好可能。"

家有难事万件，先从能解决的开始。公司有这么多的问题，仍然在快速地发展。这些问题，多解决一个，公司就更前进一步。

一个组织一旦没有了问题，就意味着生命的终结。有问题是好事，关键是问题解决的速度够不够快。

——王博语录

三、士气低落，组织运作低效。

公司是按劳取酬，业绩不好就没有奖金。奖金是员工收入的主要来源，没有奖金，1/3 的公司平均收入就没有了。时间长了，就没有了士气。人在江湖混，一为升官，二为发财，与多数普通员工谈情怀：痴人说梦。

在海外的员工，每天有 40 美金的海外出差补助。商务技术部部长马总说，南美的海外出差补助已经 6 个月没有发了，我很吃惊。财务说是因为运营资金不够，用做运营资金了。我说："没有运营资金，我们就关门算了。我的要求是，必须把员工的海外出差补助与每月工资同步发放。海外出差补助是员工收入的基本组成部分。"

其实海外出差补助发了，也没有出现就没有了运营资金的情况。

小事情，大作用。员工的切身利益解决了一部分，大家还是感觉到了一些变化。员工收入不到位，就有人消极怠工。一次我让马总给财务总监黄文打个电话，马总竟然说他的手机欠费，要打被叫付费，因为他没有钱充值了。似乎也情有可原，但效率低下至斯！

2005 年公司大力建设区域平台，区域平台负责技术支持、工程服务、人事行政等，对各国代表处提供支撑，由区域副总进行管理。

2006 年，区域平台运转一年了，我到巴西圣保罗，发现一个办公楼里，区域平台与巴西代表处竟然有两个行政在独立办公。这个也太浪费了吧。

迅速把两个行政合并。区域平台不是机关单位，我看区域平台有两个作用：一是指导销售处工作，二是为销售处提供服务。指导，给员工讲清楚要干什么、怎么干。服务，减少同一岗位上冗余人员，提升整体组织效率。

国际市场的特点是分散，每个地方各有各的特点，方法不能一概而论，天高皇帝远，要形成一个有效的运作机制，确实需要下功夫。

我们离专业有多远

巴西最大的移动运营商 VIVO 的 GSM 项目要招标了。标书并没有发给我们，因为我们的 GSM 产品不在 VIVO 的短名单。

我们去找了 VIVO 的 CTO，Javier。这个面子还是要给的，标书就给我们了。

虽然明知希望渺茫，我们还是要百分百投入。就当拉练队伍，看看差距有多大吧。

刚好在节骨眼上，孙明亮调入了南美片区，任南美片区副区总（当时是公司最年轻的三层管理干部）。孙总在应标方面经验丰富。彭德权当时在 GSM 产品做市场支持工作，后续将安排调入南美片区任商务技术部部长。这个项目就由他们俩搭档来组织应标。

巴西的标书是葡语的，应标前需要先翻译成英语，我们的人才看得懂；应标完成后，还得再翻译回葡语，客户才能看得明白。我们拿到标书比其他厂家又晚了几天，所以应标时间就特别紧。

技术团队抓紧应标，销售团队就抓紧找客户关系。VIVO 是西班牙电信与葡萄牙电信各占 50%的股权，双方对招标都有控制权。一理才发现，评标决策人分布在西班牙、葡萄牙和巴西三个地方。我们立即与西欧片区的负责人联系，请他们去做西班牙和葡萄牙客户的工作。各方积极响应，态度很好，做了一些动作，但收效不大。平时不烧香，临时抱佛脚，没戏！

标书应答，发现我们缺很多基础资料，如部分产品说明书没有英文版，我们在国际上投了那么多标书，怎么会没有英文版本呢？暂不考究了，能写多少就写多少吧。

完成比完美更重要！

——王博语录

标书交付几天后，孙明亮与我讲，我们的标书里竟然还有一部分产品资料是中文的，说明产品线的基础工作也有很大改进空间。

一拉练，就知道了我们离专业有多远。

总结这次投标，项目组织上有了很大的进步，不再是单打独斗，从运营商总部到分支，我们开始联动了。

改变现状，一是要激发大家对成功的渴望，二是要引进专业的人才。

立即行动!

公司的口号有多种，我独喜欢执行副总裁田文果这几句：

凡事要策划，事事要结果。

立即行动。

追求卓越，唾弃平庸。

巴拉圭丢标　很滑稽

南美片区 17 国，巴拉圭是唯一一个与中国没有建交的国家，所以中方员工办不了签证，也就进入不了巴拉圭。

巴拉圭的客户还是主动找上门了，说有一个 ADSL 项目，希望我们参与。因为我们的人在当地提供不了服务，还给我们介绍了当地的一个合作伙伴。

这样的项目，有客户支持，中标希望就比较大。应答完标书，就由两个外籍去巴拉圭交标。一个是西班牙电信的销售总监 Angel，一个是产品经理 Chiago。

他们在现场要做的工作，就是与当地合作伙伴确定好服务报价加上去做一个总体报价，然后在规定的截标时间前把标书交上去。

So Easy!

结果，在报价上，两人产生了分歧。他们决策不了，居然也不敢打电话回来请示或讨论。磨叽了一晚上，等他们想好、打印、去交标书的时候，截标时间过去了3分钟。

巴拉圭的标就这样丢了，丢得很滑稽。

我们的团队，没有受过专业的训练，简单问题复杂化。Angel来自于运营商，认识一些客户，但离做生意还差很远。三年不产单，可以考虑调整岗位了。

"你不怕死，但怕弄脏自己的羽毛"

在南美工作，生命安全经常受到威胁，70%的中方员工都有被抢劫的经历。

我有两次被枪指着头被抢的经历，一次是在巴西，一次是在委内瑞拉。

巴西那次，周围有几户人家，非常安静，突然从灌木丛中冲出一个人来，从腰中夸张地抽出一个东西，指着我们大喊大叫。

劫匪讲葡萄牙语，听不懂，惊慌地晃着一个锈迹斑斑的东西，看似手枪，我才反应过来他是要抢劫的。

锈迹斑斑，不知是真是假，也许锈得都不能开枪了。我看出劫匪也是胆怯，既想上前抢相机，又因害怕想撒腿逃走，完全没有电影里黑老大的派头与从容。我试想做个中华武术的动作，也许惧于中华武术的威名劫匪就会吓跑了。

我越镇定，劫匪就越紧张，实在担心他紧张得控制不住那只锈迹斑斑的手枪，于是把手中的相机扔给了他。

劫匪从地上捡起相机，又欲上来抢我的包，我有点着急了，用中文大喊一声“里面有护照!”

劫匪听懂了我誓死不给的情绪，或者听得懂中文，知道护照无用，慌慌张张地跑掉了。

这次从前到后都没有怕过死。

委内瑞拉那次发生在周末，我们一行七人，出去吃午饭，回来发现房间的门开着。我们一边说笑着埋怨谁走的时候门都不关，一边推门而入。

里面四个壮男用枪指着我们，“Men，Welcome back.”

我们一行七人还有两个小孩，只有五六岁，她们不知道发生了什么事，还要跑来跑去，她们的父亲紧张地讲让她们不要动。事后她们知道是抢劫，很长一段时间害怕得晚上不敢睡觉。

劫匪用我们的箱子，装上我们的财物，扬长而去。损失惨重，七八台电脑，几箱衣服，一位女士还丢失了3000美金。我的损失是最小的，我的电脑放在床上，劫匪翻柜子的时候把衣服往床上扔，把我的电脑盖上了，它是宿舍电脑中仅存的一个幸运者。

整个过程我安静地坐在那里，让大家保持镇静，做好劫匪的配合工作。

这次从前到后也都没有怕过死。

反而工作中的一些失意，曾让我陷入困顿，不能自拔。

我说我不怕死。我夫人讲：“不，你不怕死，但怕弄脏你的羽毛。”

荣誉重于生命。

离死亡最近的一次

在亚马逊流域游泳，是我离死亡最近的一次。

地理杂志推荐的“50 个人生不得不去的地方”，中国有两个：长城和香港，南美有五个：里约、亚马逊丛林、厄瓜多尔的加拉巴哥群岛、智利托雷德裴恩国家公园和委内瑞拉的德布伊斯高原。德布伊斯高原，又叫平顶山公园，因这儿有座很高很平的山而得名。世界上落差最大的天使瀑布就在这里。

这儿就是我差点牺牲的地方。

我们去亚马逊流域的一条支流游泳，这条支流的一个弯道，水流平缓，细沙沉积而成一片皎白的沙滩。美景此刻，会游的不会游的，一个个欢笑着奔向河里。

我生于北方，本不会游泳。2003 年搬入新居后，会所里有游泳池，才请了个教练，学会了蛙泳。虽然每次游的不远，但动作还算标准。

“王博，游泳的动作很标准嘛！”

朋友这个表扬很客观。

“王博，游泳健将。”

朋友这个表扬很浮夸。

但我还是信了，而忘了在游泳池里我每次都游不过 100 米。

忽然在河中看到一个爱斯基摩人的独木舟，突发奇想，想把这个独木舟拉到岸边来，就奋力地向独木舟游去。

由于是逆流，且独木舟已过河道转弯处，流速加快，想把独木舟拉到岸边，已经非常困难。河的下游不远处是一个大的瀑布，如果待在舟上随流而下，定然粉身碎骨。

别无选择，我决定弃舟游上岸去。

逆流而上，对于在游泳池都游不过100米的选手，这段距离就是“诗和远方”。

身体开始下沉……

第一次冒出水面，我想自己再努力一次。

第二次冒出水面，我知道凭己之力已不可行，开始大喊救命。

第三次冒出水面，看见远处的朋友在往我这边看，听见他们在议论“王博，动作那么标准，游泳那么好，不会是在逗我们玩儿的吧？”

这些没良心的，平日里白疼你们了。

苦难中思绪快速飞转：

公司派我到南美工作，没想到这样给挂了，怎么面对公司的领导和同事（对，见不到了，不用面对）。

儿子才出生2个月，就没有爸爸了，他将怎么样长大？

亚马逊是有鳄鱼的，这次下去不会被水底的鳄鱼咬住脚吧？导游选择这里下水，估计不会有鳄鱼的。

不会被河底的水草缠住脚吧？想起了小时候看的《少年文艺》上的一个故事。故事讲一对男女朋友在桥边玩，不小心女朋友落水了，男朋友去救。在水里摸索了很久，没找到，感觉有水草缠住了自己的脚，脚一蹬，从水里爬了出来。女朋友死后，每年的忌日男朋友都来悼念她。这一年，男朋友来祭奠时碰到一个钓鱼的老翁，向老翁讲述了自己的故事。老翁听后吃惊地说：“这里从来没有水草呀！”

男朋友大哭，当时我没有想明白他大哭的原因，多年后长大了才明白，那不是水草，是他女朋友的头发……

第四次冒出水面，看见有几个朋友开始向我快速游来。

第五次冒出水面，他们离我还有一段距离，看在儿子的份上我再坚持一下吧。

第六次冒出水面，他们离我已经比较近了。

听说很多落水的人见了救人的，往往会紧紧抱住不放，最后被救者和救人者，都双双遇难了。

当他们游到我身边的时候，我要做的最好——两手一摊，撒手不管。

第七次冒出水面的时候，他们把我架起。刚好送我们的船也返回来了，我被七手八脚地拖上船。

躺在地上十分钟爬不起来。

沈总，在长江边长大的浪里白条；

彭总，游到我身边时已经体力透支，上气不接下气；

张夫人，本没有下水，见我救命，穿着牛仔裤就跳进水里，后来才知道在大学游泳比赛时就是冠军了。

我的救命恩人，你们都好吗？

从此我不再在脚沾不到地的地方游泳。

袁列传

第一次见袁列，是在印度。他在国际做销售，我在产品线，到印度做技术支持，偶遇。袁列陪了我半天，烧了顿晚饭给我吃。印象不是很深，感觉是有点腼腆之人。

再见袁列，是在香港。袁列在香港代表处工作，往返于香港与深圳之间，两周一次，感觉颇是吃苦之人。

三见袁列，他已是公司总裁办主任了。在食堂前面给行政人员训话，就觉得他的岗位跨度有点大。

再收到袁列的消息，是我到南美后不久，说自己想投奔于我，重启自己的海外职业生涯。

“缺人！市场大！速来！”

当时虽不知他能做多好，但人员缺口实在太大。多年国际经验，相信不会太差。

我来国际市场之前，曾请教公司销售经验最丰富的何士友执行副总裁。何总耐心给我做了指导，说：“一个人坐在你面前，一定要在半小时内判断出他的真实需求。”

见了袁列三次，也还未能准确判断出他适合什么岗位。识人用人，要做得好，也需阅人无数，积累经验。

袁列说：“我愿从基层做起，派我到最需要、最艰苦的地方去。”如其所愿，就去了仅有一名员工驻守的巴西利亚代表处。

巴西利亚项目不多，问题不少。卖了一些网关设备，因为有功能不满足，客户拒绝验收，僵在那里，多时未解决。

做好事情的前提是找对人。袁列到巴西利亚后，针对网关设备存在的问题，找到了国内产品线的负责人，问题很快就解决了。

小进步，大发现。

袁列工作有以下特点：

1. 能准确找到解决问题的关键责任人。

2. 执行力强。

Luis Miguel讲卓越四步法：

1. Target——制定目标；

2. Difference——找出现状与目标的差距；

3. Action Plan——制定缩小差距的行动计划；

4. Follow Up——跟进。这是执行的最关键步骤。

袁列具有这些良好的工作习惯。

袁列擅抢资源。看到了进步的迹象，就要求配称相应资源。最优秀的技术支持 Eliandro 就到了巴西利亚，与袁列并肩作战。Eliandro 后来进步很快，两年内就做了巴西代表处的 CEO，收入涨四倍，从基层员工连升三级。

半年内，袁列取得以下成绩：

中标巴西电信宽带系统项目。这是中兴在巴西电信的第一个系统项目。

中标巴西电信的传输项目。这是中兴在巴西的第一个传输项目。

这两个项目，极大地鼓舞了南美团队的信心。

2007 年，要竞聘一个巴西国代，负责巴西整体业务。赛马而不相马，袁列，非他莫属。

有了成功经验的袁列，更加自信。大力发展本地团队，自 2007 年起，巴西就再无因标书应答而丢标。

2007 年 3 月，突破巴西电信的 WCDMA 市场，获得中兴通讯全球第二个 WCDMA 商用合同。

2007 年 9 月，获得巴西最大运营商 VIVO 语音短信项目，实现了中兴通讯在西班牙电信第一个系统项目突破。

2008 年，微波产品首次突破巴西 VIVO 市场。

……

巴西市场格局迅速改变

袁列，性烈，重义，宁断勿折。2012 年离职后，自己创业，专注于中国与拉美的交流与合作。

人才大战

2006年6月回到深圳总部，向公司总裁殷一民述职。殷总知道南美发生的变化，士气正在快速提升，同意了将巴西分拆为三个代表处的申请报告。先定位为五层代表处，如果销售收入超过1000万美金可晋升为四层代表处（中兴代表处根据规模和重要性分为三层、四层和五层代表处，三层代表处最高，不同层级享受不同待遇，四层以上的负责人岗位才算管理干部岗位，公司每年会对应地安排各种培训，对个人成长非常重要）。殷总说，下半年再给你多派些优秀人才，想再说些细节，却欲言又止。

刚进入7月，公司就迎来了历史上最大规模的一次调整。把负责中国电信业务的第二营销事业部和负责中国移动、中国联通市场的第三营销事业部合并，成为负责中国市场的第三营销营业部。

这次改革，是中兴自成立事业部以来最大的一次，因为涉及一半的管理干部没有了岗位，也被公认为中兴组织调整中最成功的一次。

中兴设计组织，多讲究“竞争”的理念，让两个功能相近的组织竞争排名，能者上，不能者下，每年都有一定比例的淘汰率。赛马而不相马，保持组织的战斗力。以前长期在同一省份配置两套班子，造成了浪费。随着组织的成熟，已经没有必要，合并是大势所趋。

国内市场收入占公司总收入的60%以上，这样的大动作对团队个人影响很大，反过来也会影响组织。公司在这件事情上保密工作做得非常好，甚至在很多四层管理干部被要求无条件到深圳总部报到开会时，都还不知道发生了什么事。

第二、第三营销事业部合并后，叫第三营销事业部。在国内市场，第二营销事业部在管理、业绩上一直比第三营销事业部好，合并后的领导是原第二营销事业部的领导，合并后叫第三营销事业部，这让第三营销事业部的人在情感上更容易接受；

各省负责业务的省经理，业绩好的留任，业绩差的派往国际市场；

各省负责工程交付的副经理，在岗时间短的留任，在岗时间长的派往国际。

规则有一定的合理性，但做不到对每个人都合理。

有规则就好，不要潜规则。

在动员会上，殷总强调了改革的必要性。相信大家能从大局出发，服从公司安排。国际市场空间更大，在这个更大的舞台上挑战自我，提升能力，适应公司国际化的大趋势。一年以内，大家的待遇不变。

虽然个别人觉得被公司抛弃了，但大多数还是积极响应公司号召。

我听到这个消息，才明白当时为啥殷总欲言又止。虽然殷总说派些人到南美，但不能依靠领导。派的人也不一定是你想要的，还是要靠自己去抢。

于是速派南美片区人事总监张国明回总部，选拔人才。

我相信这些人的工作能力都不会有问题。

公司有 14 个片区，能像南美片区这样如此重视人才、派专人到现场选拔的还真没有。

张国明也挺专业，参加这些管理干部的出国培训班，观察大家的表现；从周围熟悉的同事中了解这些人的口碑。看到合适的，就邀请去喝茶谈心。最后还要想办法测试面谈人的英语，拿着咖啡杯垫子上写的英语，问："Sir，can you tell me what is the meaning?"

通过选拔，以下管理干部加入了南美片区：

刘金鑫、黄鑫福、黄健、张恒伟、于占丰。英语好的，被我们划拉来了一小半。

他们到巴西的那天，我们把代表处的美女帅哥都召集起来，去机场迎接他们。

感谢你们，南美离家最远，业绩最差，抛家离子，你们还是来了！

广平来南美

杨广平，Edward，是刘金鑫推荐给我的。刘金鑫时任第三营销事业部商务技术部部长。2006 年公司经营会，刘金鑫说，南美缺人，广平有才，堪当重任。我不认识广平，就冒昧给广平打了个电话。一个充满磁性的声音从另一端传来，极为客气地婉拒。

不过，这个声音，听过，就未曾忘记。

在 2001 年公司的一次经营会上，侯总讲了公司未来的三个拓展：

1. 从国内市场向国际市场拓展。这不是一个好与坏的问题，是一个生与死的问题。

2. 局部区域，从设备供应商向运营商发展。中兴通讯在刚果金与当地政府成立的运营商——刚中电信，就是一个很好的尝试。

刚中电信本可以做得更好，被自己人给糟蹋了。另外还有很多机会，却先固步自封，然后再后悔不已。这是后话。

3. 手机市场的拓展。五年内手机收入占到公司总收入中的一半。

多么宏伟的目标，我坐在下面听得热血沸腾。

可惜，中兴想到了，华为做到了。

在我的多次大力邀请下，杨总最后决定还是加入南美。

我在巴西见了杨总，才发现我们原本就认识。对公司发展有杰出贡献的员工，公司每年在年终总结大会上会授予“特别贡献奖”。2003 年，我们曾同台领奖。

印象更深的是那一年，杨总迈着轻盈的步伐，快速地跨过中兴学院食堂前的那些台阶，敏捷的身影，记忆犹新。翩翩少年，朝气勃勃。

杨总到巴西时，我在巴西已经 3 个多月了，其实圣保罗市区就去过两次。杨总到圣保罗的当天，说：“我们开车到圣保罗转转吧。”

我一脸狐疑，刚到巴西，认得路吧？杨总看出了我的担心，说：“没事，我看了一下地图”。

“那带上地图吧。”

“不用。”

那时还没有导航。

怀着忐忑、惊喜的心情，我们就出发了。

我们住在圣保罗的高档社区，Alpha Village，巴西足球队队长卡福是我们的邻居。

出门不远处是一个网球俱乐部，我们每天上班路过，但没有人进去过，说进去需要是会员，一个会员卡要 20 多万元。路过时，我与杨总讲这些道听途说的信息。

杨总说：“怎么可能？我们进去看看。”我还没来得及阻止，杨总一打方向盘就拐了进去。路上竟也没有人阻拦。进去一看，什么呀，男男女女、大大小小、吃吃喝喝一大堆人，就是一个居民聚会的大 Party。也有打网球的，这个估计需要办卡。

这件事虽小，但对我影响很大。

不合常理之事，必有误解之处。后来遇到事情，就喜欢追根问底，把问题的根源搞清楚。

有专家说，一个问题，如果你能回答五个为什么，你就找到问题根源了。

问题一：

现代铁路两条铁轨之间的标准距离是 1. 4349 米。你知道为什么采用这个标准吗?

答：早期的铁路是由造电车的人设计的，而 1. 4349 米正是电车所用的标准。

问题二：

电车的标准又是从哪里来的呢?

答：最先造电车的人以前是造马车的，所以，电车的标准是沿用马车的轮距标准。

问题三：

马车为什么要用这样一个轮距标准呢?

答：英国马路辙迹的宽度是 1. 4349 米，所以，如果马车用其他轮距，它的轮子很快会在英国的老路上撞坏。

问题四：

这些辙迹又是从何而来的呢?

答：从古罗马人那里来的。因为整个欧洲，包括英国的长途老路都是由罗马人为其军队所铺设的，而 1. 4349 米正是罗马战车的宽度。

问题五：

罗马人为什么以 1. 4349 米为战车的轮距呢?

答：原因很简单，这是牵引一辆战车的两匹马的屁股的宽度。

现代铁路两条铁轨之间的标准距离 1. 4349 米是由古代战车两匹马的屁股的宽度决定的。

后来我们转到市区，看了一下圣保罗的博物馆，回来时天已经黑了，杨总竟然能认识回家的路！

杨总一到巴西，办公室的女同事很快就成了杨总的粉丝，今天这个宿舍请他吃饺子，明天那个宿舍请他吃火锅，我这驻地一号首长之前从来没有享受过。

杨总的业务能力没问题，就找机会测试一下杨总的英语水平。基本上是语不成句吧，标准的国际人才第二阶段，业务精通，语言不行。

两周后，杨总就去阿根廷做国代了，负责阿根廷和乌拉圭市场。

杨总到阿根廷，短时间了解情况后，就大刀阔斧展开了工作。我们原来做一些 Coporativa 小运营商的生意，规模不大，欠款还挺多，利润也不高，就把这块业务给停掉了。找了一些方法，在 Telecom 的 ADSL 项目上，避免了与华为打价格战，基本上两家平分市场。手机项目也找到了一些机会，传输产品也开始在 Telecom 测试了。短短 3 个月，阿根廷的市场发生了很大变化。以当时吴邦国委员长访问乌拉圭为契机，与乌拉圭政府签订了上千万美金的合作协议。

两个月后我到阿根廷去看杨总，杨总请我吃了阿根廷最好的牛肉。后来杨总到西班牙工作，请我吃西班牙最好的海鲜炒饭。后来我发现杨总每到一个新地方，总能做好两件事：一是生活上总能找到当地最有特色的东西，二是心态上调整为现在拥有的就是世界上最好的。

只有对生活充满热爱，才会有这样的生活态度。

最让我吃惊的是杨总英语的进步，已经能与客户直接交流了。杨总有这样的进步，一是天赋，二是努力。

我学习英语，是背同事、客户的邮件。

孙明亮学习英语，是反复听内部会议与外籍的讨论录音。

杨广平学英语，是背诵《新概念英语》。杨总学习刻苦，下班后、睡觉前、上厕所时也未放松。

阿根廷的酒吧是凌晨后才开，在中国，这个点，大家都已经差不多嗨完回去睡觉了。那天，我们与一群小姑娘跳舞跳到凌晨5点。我们说要回去了，The girls said：“Baby，why not enjoy an hour more and leave together?”

与杨总一起，总能有意想不到的生活体验。

2008年，公司决策把西班牙电信总监办划入南美片区管理，杨总因业绩突出，调任西班牙电信总监。

杨总为人，得意之时未必有我，失意之时必伴你左右。

杨总做事，多源于对生活的热爱，而非功利。

我虽曾为杨总的业务领导，杨总更是我的生活导师。

老穆传

穆罕默德，摩洛哥人，能讲七国语言：阿拉伯语、法语、西班牙语、英语、汉语、葡萄牙语和意大利语。1999年加入中兴通讯，算是资深员工了，我们都亲切地叫他老穆。

老穆语言好，幽默，善交际，与客户第一次见面，很快就混熟了。The best man to konck the door（拜访客户最佳敲门人）。

老穆业务能力强，于我印象最深的是我们在一起的愉快时光。

一个周末，我们几个人决定去圣保罗周围看看，为节省费用，我、袁列和老穆就三个人住一个房间。晚上我们在外面正喝着小酒，老穆笑着说，你们继续，我要回去睡觉了。我觉得奇怪，老穆是最喜欢热闹的，问他怎么这么早就要回去。老穆说："袁总呼噜太大，他回来一睡，我就完蛋了。"把大家笑个半死。

晚上回来，我们一上床，老穆拿个被子就往外走，问他干嘛去，老穆说："我还是有自知之明的，睡到车上算了。"

第二天一早，其他人还在睡觉，我与老穆两个人开车就出去了，走到一个码头，看见很多穿着泳装的少女往一个山上走，我们觉得好奇，就跟了去，以为是去看一个瀑布。

翻过一座山，走过很长一段路，却看见了一片优美的沙滩。

美女无数，玩了个不亦乐乎。回来后我们说，今天太好玩了，"So far so good。"如此的远，如此的好（这个短语的本意是到目前为止一切安好）。

别人问啥意思？呵呵，我们不告诉你。

退房时，我们三人 AA 制，老穆坚持不付，说我又没住，可爱至极。

在巴西，我就看过一场足球比赛，与老穆一起去的。气氛异常激烈，还没有开始，场外两边的球迷就打起来了，一个人血淋淋地被送往医院。为了安全起见，客场的球迷被用铁丝网隔离开来。两边的球迷互相喊话不断。我问老穆啥意思？老穆说，大概就是你照顾我母亲，我照顾你母亲。最后还是形成了群体斗殴。主场的球迷从下面往上攻，原来走路的拐杖，立马变为攀爬的工具。上面客场的球迷往下扔鞭炮和各种各样的杂物、爆炸物。安检那么严密，不知道他们是怎么带进去的。巴西人去看球，有点像我们 80 年代在农村看电影，目的不是去看球，就是为打架去的。

我与老穆提前 10 分钟离场，担心最后在球场牺牲了。

老穆是我们巴西代表处的宝贝。如果你去巴西代表处出差，说你看了里约的面包山和基督耶稣像，我就问你有没有见过老穆。

如果没有，白来了。

龙舌兰，就着盐喝的酒

白酒、红酒、啤酒各有各的妙处。如果想体现豪迈之情，就饮白酒，千杯不醉；如果想品味人生，就饮红酒，可以从早到晚，不止不休；如果想体验尿尿的痛快，那就唯有啤酒。洋酒我不太喜欢，唯独喜欢龙舌兰的调调。

龙舌兰是墨西哥的名酒，在1968年墨西哥奥运会后更是名满天下。龙舌兰酒感微甜，男女皆宜。相对于口味，其出名更是因为龙舌兰独特的喝法。

喝酒前要准备一些细盐和柠檬。喝酒时首先把盐巴撒在手背虎口上，用拇指和食指握杯龙舌兰酒，再用无名指和中指夹一片柠檬片。迅速舔一口虎口上的盐巴，接着把酒一饮而尽，再咬一口柠檬片，整个过程要一气呵成。酒的甜、柠檬的酸、盐的咸，交织在一起，如同生活，五味杂陈，全在于你的心境。

盐撒在自己的手臂上，轻嘬，是屌丝的喝法。有情调一点的，你可以把盐撒在女士或男士的虎口、手背、耳垂、嘴唇、胸口……全在于你的想象。

国内的酒吧，一般都有Tequila，是龙舌兰、薄荷、冰块等调制的一种酒，口感独特，可以品尝一下。

我舔过女士虎口、手背上的盐，其他的酒醒以后全忘了……

没有不能清理的队伍

工会是一支强大的力量。1933年罗斯福在《国家工业复兴法》中确定了工人阶级成立工会的合法性，工会成为为工人阶级争取权益的合法组织。工会现在在美国已经可有可无，但在巴西却大为盛行。巴西对不同行业成立有不同行业的工会，工会规定了在自己的行业每年的最低涨薪比例。无论公司发展好坏，无论个体表现优劣，每个人的年度涨薪幅度不能低于这个比例。

巴西代表处也有自己的工会。我去巴西前，中方员工因为很多没有工作签，拿旅游签证在办公室上班，一次警察突击检查，一些员工只好悲摧地躲在厕所里，而被当地员工所嘲笑（这也是中国企业国际化过程中面临的现状，初期业务规模小，员工工作签需要时间，当地国也不同意办理）。这加深了中方与本地员工间的矛盾。当时确实存在一些年龄大、工作能力欠佳的本地员工。在公司要求精简队伍时，Fox就成为了首先要被优化的员工。这消息不知道怎么就被本地员工知道了。因双方的情绪对立，本地员工为保护Fox，连夜选举Fox做了工会主席。

根据巴西法律，工会主席是不能被裁掉的。

既然这样，那就慢慢来吧。从建设队伍的基础工作做起。

锤炼队伍，多数时候，与邪恶做斗争，不如发扬正气。

——王博语录

半年后，巴西代表处的运作逐步规范，外籍队伍也在快速成长，外籍员工Eliandro已经做到巴西代表处的副总裁了，主管商务技术部。在商务技术部也培养出了一大批技术骨干。

是时候与核心外籍员工讨论工会的作用了。会上大家的意见高度一致，还是要以公司的发展为重，工会不能成为保护个别员工的保护伞。大家一致同意重新进行工会选举。在这次选举中，通过有效运作，积极向上的核心骨干 Chiago 被选举为工会主席，从此解决了工会与公司之间的对立问题。

这时再看，原来以为有问题的员工 Fox，其实也是很优秀的。做他现在的工作挺合适的。当老板的，也不要给员工吃草的工资，但要求员工干出奶的活。

工会问题解决后，巴西代表处还面临着一些顾问合同的员工。员工签顾问合同，一方面是为了降低公司的税赋，另一方面也是为员工少交点税，多一些实惠。这也算是积极享受巴西国家政策。顾问合同有这样的优势，同样也存在些问题，如巴西法律明确规定，顾问合同的员工，每个月在办公室工作累计工作时间不允许超过三天。

西班牙电信总监 Angel 的合同就是顾问合同，当我们要与其解除劳动合同时，Angel 就威胁公司，说他虽然签的是顾问合同，但其实一直在公司正式上班，要按正式合同处理，要求公司进行赔偿。否则他将诉诸法律，公司要赔偿上百万美金。

遇上这样的员工，处理起来就比较困难。

像 Angel 这样的合同还有几例，都是公司初期管理不规范造成的。如果对 Angel 进行赔偿，后续其他人等会纷纷效仿。对于这个案例，我们与律师、外籍的核心骨干一起进行了研讨，分析决策如下：

1. 巴西政府效率低下，如 Angel 起诉，虽然胜算很大，但胜诉估计也需要十年以上时间。

2. 如果真出现赔偿，我们也接受，按法律办事。

3. 不能有这样的先例，以免被他人效仿。

4. 对还存在的顾问合同，全部清理，转为正式合同。

Angel离职后，确实起诉了公司，上了几次法庭。每次我们都可以派不同的人去，Angel却必须他本人去。时间一长，累了，这事也就过去了。

2009年，我到西班牙工作后，也遇到要与一些员工解除合同。首先请律师根据法律确定需要赔偿的额度，开好支票。把员工约到办公室，说明情况，交回电脑和工卡，做好赔偿，就可以迅速解决掉了。

为了团队的发展，有时不得不与一些员工解除合同。只要按法律办事，没有不能清理的队伍。

VIVO第一个系统项目突破

VIVO是巴西第一大移动运营商，也是西班牙电信在巴西的子公司。

2005年中兴通讯在VIVO中标1亿美金的手机合同，但系统项目从未突破。2006年我刚到巴西时，参加了VIVO的GSM项目招标，项目虽然失败了，但通过这个项目与VIVO的CTO Javier建立起了沟通渠道。

在内部管理上，引入了高端客户经理Polo，专职负责VIVO客户。Polo入职中兴前就是VIVO的部门经理，因此对VIVO的客户都很熟悉。Polo也是Javier推荐给我的。一般的客户经理见CTO需要通过秘书提前预约，一年也见不了两次，Polo可以随时与CTO电话。

与客户建立良好的沟通渠道非常重要，如果自己找不到合适的人，可以请客户推荐。不但你需要客户，客户也需要你。客户找一个懂他的人，也符合客户的利益。这样的方法后来屡试不爽。

——王博语录

微信以前，中国流行的是短信，电话打不通，就发个短信。在拉美不一样，他们喜欢语音留言，电话打不通，就留个语音。我们把它叫语音短信，因为应用广泛，对客户来说是一个非常重要的项目。

当得到客户有更换语音短信平台的需求时，我们与客户的技术团队进行了紧密交流，再加上中兴的语音短信平台在国内市场上有广泛应用，我们的方案很快得到了客户认可。

华为在这个解决方案上本没有优势，未被邀请，但还是想办法挤了进来。虽然项目不大，但他们不希望中兴中标，打响系统产品突破西班牙电信的第一枪。

华为的文化就是这样，对外宣传是如何向爱立信看齐，对内操作上一直针对中兴打压。

华为的字典里，“路”仅有两条：

一、自己中标。

二、不让中兴中标。

VIVO的招标很规范，先技术标，选供货短名单，中兴、华为都进去了，还有另外两个国外厂家。然后是商务标。中兴系统产品进入VIVO短名单还是第一次。

商务采用电子竞标。电子竞标有英式与荷式两种。英式竞标，先定一个最高价，供应方从这个价格开始降价，最后谁的价格最低谁中标；荷式竞标，先定一个最低价，采购方从这个价格开始涨价，愿意接受最新价格的供应方中标。

VIVO的电子招标是混合式。VIVO先定一个价格，在15分钟内，如果仅有一个供应方同意这个价格，就这个供应方中标；在 15 分钟内，如果没有供应方接受这个价格，就进入荷式阶段，采购方一步步涨价，直到有供应方愿意接受新的价格；在 15 分钟内，如果有两个或两个以上的供应方同意接受这个价格，就进入英式阶段，同意接受这个价格的供应商继续竞标，价低者胜。

西班牙电信的招标采购是我见过的理念最先进的，其采购部前身是一个专业的招标公司，被西班牙电信收购后成为了一个部门，决定了采购部理念领先的基因。

我们的目标是中标，价格是其次。

所有员工都是这个心思，但我们对外的口径是合适的价格才做，价格太低就不做了。不管竞争对手信不信，自己先信了。弄得外籍围着我讲道理，觉得这个领导怎么这么蠢。

烟雾弹还是要放的，闲着也是闲着。

剩下的时间我们认真研究竞标规则，结论是：我们在第一次出价 15 分钟内的最后时刻按下按钮最佳。这样，如果没有竞争对手出价，我们直接中标，商务最好；如果有竞争对手出价，游戏还可以继续。

策略定了，就检查一下工具，测试一下 VIVO 的电子招标系统，这是我们第一次使用，以免招标时出现问题。一研究还真发现了一些有用信息：

1. 同一供应方账号，可以在多台电脑上同时登录。

2. 不同电脑上显示竞标进行的时间不同，有快有慢。

有意思，VIVO 的招标系统竟然还有这个漏洞。

于是我们在竞标的时候，就兵分三路：一路在办公室，一路在宿舍，一路在酒店。这样，一是确保不因网络中断而丢标，二是落实既定策略，谁的时间先到 15 分钟，谁就按下按钮。

客户经理 Ana 按下了金手指。那天她特别开心，哼着小调儿就回来了。

周密策划，VIVO 的第一个系统项目就这样突破了。

学西语

人的一生有多少时间用在学习语言上？真是浪费。语言就是一种工具，全世界都讲一种语言不是很好吗？省多少事。还真有人发明了一种世界语言，让全世界的人都说这一种话，结果当然失败了。

后来我才明白，人的一生根本改变不了什么。生命中仅有一件事情是最伟大的——为种族的繁衍做贡献。放在人类历史的长河中，一个人连个点都算不上。其他都是体验。正是这些文化的多样性，让我们活得有点意思。活得有点意思，才愿意做种族繁衍的工作，否则繁衍的伟大工作都不想做了。英语有一个单词“kaleidoscope”，我越看越喜欢。你看这个单词，字母顺序乱七八糟，好像一个人酒后即兴之作，就是“丰富多彩”，就是“万花筒”。

文化就要像 kaleidoscope 一样。

在委内瑞拉，与国代沈恺一同去工地，同行的还有一名本地员工，一位刚毕业的年轻漂亮女大学生。

“王总，路上没有什么事，我教你学西语吧。”她说。

“好。”心中一喜。

“那我教你四句话：

Cómo te llamas?

Me llamo Scott.

Eres muy guapa.

Me gustas. ”

“什么意思?”我问。

“你叫什么名字?

我的名字叫 Scott。

你很漂亮。

我喜欢你。”

这个实用呀。美女教了两遍就记住了，至今未忘。

2002 年，与叶总去日本，日立的部长教我们用日语从 1 数到 10，他使尽了浑身解数，我们一晚上也没学会。在回酒店的地铁上，碰到一位日本姑娘，教我们用日语从 1 数到 10，5 分钟就学会了，至今未忘。

看来学习外语的好办法，就是找一个活字典——女朋友。

女人就是男人的发动机。

远处有座山

乌拉圭是一个人口不足 400 万的小国家，与巴西和阿根廷接邻。乌拉圭虽然国家不大，但足球非常有名，国家队曾是 1930 年第一届世界杯足球赛的冠军，现在也有苏亚雷斯、卡瓦尼等著名球星。

蒙得维的亚（Montevideo）是乌拉圭首都，位于拉普拉塔河下游，濒临南大西洋，与阿根廷首都布宜诺斯艾利斯隔河相望。这里气候温和，常年绿树成荫，鲜花盛开，素有“南美的瑞士”之称。

据说17世纪的时候，西班牙的军队打到了这里，部队要集结，四周一看，全是平原，连一个参照物都没有。好不容易，发现“远处有座山”，就喊“Montevideo”，部队才集结在一起。后来这座城市就叫Montevideo了。

Montevideo在西语里就是“远处有座山”的意思。

这个故事，以及乌拉圭的首都叫Montevideo，都是我到了乌拉圭以后才知道的。

到了南美一年之后，我决定去这个小国看看，让高莹定了机票。去乌拉圭的前夜，忙了一晚上的应标，一宿没睡。第二天早上6点到圣保罗机场以后，才发现自己一不知道要乘哪个航空公司的航班，二不知道要去乌拉圭的哪个城市。只知道要去乌拉圭，8点起飞。

估计高莹还在梦乡中，电话打不通，只好问工作人员。

“Dear，can you tell me how to go Uruguay?”

工作人员一脸茫然地看着我。估计是我的发音不准，Uruguay的发音是“乌拉圭”、“优拉圭”？还是“呼拉圭”？我不断地尝试着。

工作人员认真听了很久，说：

“Can you speak English?”

我倒！

“你妈的”

秘鲁的首都叫Lima（利马），发音有点像“你妈”。

委内瑞拉的首都叫Caracas（加拉加斯）。

张总要到加拉加斯出差，在登记柜台与值机人员交涉了好久。值机人员觉得张总的机票有问题，不给张总办理登机牌。

张总着急了，随口说了一句“你妈的”。

值机人员一听，认真地讲：“The flight is to Caracas, not to Lima, you are totally wrong.”

我倒!

开飞机比开车容易

孟靖是阿根廷的国代，我们计划一起去拜访一个远在乡下的Corporativa客户。Corporativa是散布在潘帕斯大草原上集体性质的一些地方运营商，他们的投资来自于当地居民，他们又为当地居民提供电信服务。

“开车去吗?”

“不，我们开飞机去。”合作伙伴说。

还以为合作伙伴在开玩笑，结果半小时后我们就坐在他的私人飞机上了。

阿根廷的航空系统非常发达，在潘帕斯大草原的许多镇上都有飞机场。镇与镇之间比较远，开飞机去就成为了他们相对优选的工具。

合作伙伴坐在驾驶员的位置上，系上安全带，在GPS系统中输入要去的目的地，拿出一个Checklist（检查列表）一一对照检查各仪表后，用脚像骑自行车一样把飞机开到跑道上，只等控制台一声令下，脚踩油门，飞机就起飞了。

开飞机比开车容易。

对我印象最深的是 Checklist 通过检查列表避免人为错误。管理也是一样，把一些经常要做的工作，制定一个检查列表或模板，可以保证员工输出结果的一致性。通过模板规范行为，虽然不能保证做得有多好，但可以保证最差也不会有多差。

奔驰在无垠的草原上

阿根廷的潘帕斯大草原幅员辽阔，潘帕斯在印第安语中，就是平坦地面的意思。潘帕斯草原上的路都是笔直的，而且车辆非常少。在这样的路上开车，时速低于 160 公里，你都会不好意思。

2007 年，一次我与国代孙明亮开车去见一个客户，只听“嘭”的一声，有东西撞在了前挡风玻璃上，下车一看，原来是撞死了一只飞鸟。

孙总给我讲，汽车在设计时，都要做一个车撞上飞鸟的试验，以保证时速 200 公里的情况下，玻璃不会破损。在实验室，车是不能动的，为了模拟实际环境，就用炮以 200 公里/小时的速度把鸟打向车。结果在实验室里，这样的条件下，车窗玻璃往往就破碎了，而在实际的驾驶环境中，车开到 200 公里/小时撞上飞鸟，车窗玻璃又不会破碎，颇为费解。仔细研究后才发现，这是因为从炮里打出的鸟是死鸟，身体僵硬，比活鸟的缓冲力小造成的。

晚上与孙总住在草原上的一个小酒店里，一轮皎洁的月亮挂在窗前。孙总说，用普通的单反相机可以拍到月亮凸凹不平的表面，我不信。一拍还真是。

我当时就想儿子了，让两岁的儿子看看多好。

天还不亮，我们就开车返回布宜诺斯艾利斯，孙总问在漆黑的夜晚，如果有人在山头点燃一根火柴，人眼能看到的最远距离是多少？

你，知道答案吗？

生活点滴，历历在目，与孙总一起，就是幸福的样子。

见过不靠谱的，没见过这么不靠谱的

2007年，委内瑞拉的项目要收款，几千万美金，总部催得紧，国代沈恺与我为此做了很多策划，为这事还专门找了个叫Luis的帮忙疏通客户、银行等关系。一次我们问Luis收款工作进展得怎么样了？Luis说他正在银行跟催付款的情况，让我们在家等消息。

在家里等不如在现场等，也许需要我们解释一些情况，这样我们就可以直接过去了。于是我们就直接到了银行，没有看到Luis。想他大概在楼里办事吧，就发短信告知他，我们在楼下等他。

等了两个小时，还没有见Luis出来，就打电话给他，电话不接。过一会儿收到一个短信，说："我不在银行，已经离开加拉加斯了。"（加拉加斯是委内瑞拉的首都，Luis所指银行的所在地）。

我与沈恺相视大笑。

见过不靠谱的，没见过这么不靠谱的。在拉美讲故事的人相对多一些。

Luis，从此再未见过。

战略大调整

2008年初，终于迎来了公司的战略大调整。2008年之前，公司国际化的重点是“讲覆盖”，要求500万人口以上的国家要设立代表处，有专人负责。有点“兵锋所至，必有所获”的味道。也有点像原始社会，靠打猎为生，抓到一个项目算一个。做了一段时间以后，公司分析发现不对呀，全球80%的投资来自于20%的客户，符合标准的“8/2原则”。于是开始调整战略，集中资源聚焦于这20%的客户。2008年之后，公司开始推行“大国大T”战略。

中兴比华为更早地开拓国际市场，1998年，中兴在巴基斯坦就获得过上亿美金的项目，中兴国际收入领先华为。2004年的时候，华为的国际市场收入领先中兴也就20亿人民币左右，绝对差距并不大。但到2008年，国际市场上的收入差距就大了。造成这种差距的原因是多方面的，国际市场上战略目标的选择就是其中一个重要的原因。

华为从2003年起，就开始聚焦大国大T，聚焦于进入跨国运营商的采购短名单，虽然费时费力，但一旦突破，回报丰厚。

现在中兴也明确了“大国大T”战略目标，是中兴国际市场发展上的一件大事。国内的大T就三个：中国移动、中国电信和中国联通。放眼国际，这样的大T就比较多了。为了资源聚焦，也为其他大T突破积累经验，公司选择了有代表性的四大运营商作为重点：

Vodafone（沃达丰电信）：总部在英国，全球移动运营商的优秀代表，在全球有标杆示范作用。满足了Vodafone的需求，就可以满足全球大部分客户的需求，可以指导我们产品的规划保持先进性；在Vodafone市场取得了突破，其他客户会觉得，Vodafone 都用了，自己用肯定没问题。

America Movil（墨西哥电信）：总部在墨西哥，分支在南美，典型的跨国运营商结构。如果我们的组织能够在墨西哥电信取得成功，那么这样成功的组织形式可以推广于全球。体量也足够大，其业务收入全球排名前十，在南美的投资占了整个南美电信投资的 1/3。

Telefonica（西班牙电信）：总部在西班牙，分支在南美，典型的跨国运营商结构。与墨西哥电信相似。是全球第五大运营商。除南美外，在欧洲多个国家也有分支机构。其在南美的投资占了整个南美电信投资的 1/3。

MTN：MTN 集团是南非最大的电信运营商，在非洲及中东地区 21 个国家开展业务。在非洲具有代表性。

公司聚焦这四大运营商，简称为“VATM”战略。

在这四个重点突破的运营商中，与南美相关的就有两个：墨西哥电信和西班牙电信。公司这样的决策，与我们团队表达出来的信心与决心也不无关系。

第五营销事业部总经理武增奇说：“王博，你懂产品，容易获得研发的支持，做大 T 产品跟不上是不行的。你一直呼吁把西班牙电信总监办划入我们五营（第五营销事业部）管理，现在实现了，你也责无旁贷。”

一纸调令，我就从拉美区总到西班牙上任了。

职务：西班牙电信总监，全面负责中兴通讯在西班牙电信客户的经营工作。

站在今天看昨天

按“通过复盘找差距”的学习方法，再来总结一下这三年的南美生活。

一、海外生活，变相实现了自己的留学梦，开拓了眼界，延长了职业生涯。

出国留学一直是我奋斗的梦想，海外工作三年后，就再没有这个想法了。上学时常有人说：一辈子要做两件事，否则终生遗憾：一是读金庸的小说，二是考 GRE。对我来说，最遗憾的是考 GRE 的结果——没能出国留学。我曾为此奋斗多次，而且差点落下终身残疾，甚至付出生命。

现在我完全释然了。

世界正在变为“地球村”，地球就像村子那么大。以前觉得国家与国家相距甚远，现在去日本、韩国就像从上海去深圳一样方便。全球化的加速使得掌握英语成为一项必备技能。现在我虽然英语还不够好，但日常生活、工作够用了。这为我后来的再就业创造了条件，最少延长有竞争力的职业生涯 10 年。

懂技术的有，懂销售的也有，懂技术、懂销售又语言好的就少很多。

这是“70 后”的知识结构现状。对于“00 后”，情况就大为不同了，他们的语言已经是一种基本技能。以我家为例，我夫人在英国留过学，但 12 岁的儿子英语最好。

二、做国际市场，首先要做好定位，选择好市场。

对多数企业来说，一是生存，二是赢利。国际市场费用高，风险大，要根据自身定位，有所为有所不为。

在全球每个领域，现在或未来都会涌现出 1～2 家全球领先的中国公司，这是中国的人口、地域、民族特性所决定的。做这样全球领先的企业，就需要有宏伟、坚定的目标，围绕目标找方法，适当放弃一些眼前的苟且。

罗马不是一天建成的，但罗马是一定可以建成的。规划好建成罗马的关键路径，看得远，才可以少走弯路。

大国大T战略，就是中兴国际化最重要的举措。认识得有些晚，执行力度不够，是与华为在国际市场上拉开差距的一个最重要原因。

三、在“响应公司国际化，做最有理想的南美人”感召下，一大批热血儿女投身于国际市场。

杨婉莹，最优秀的产品线管理经理，到南美时儿子仅有两岁；胡坤，现在已经是中兴西欧区域总经理，到南美时刚刚结婚；邹珂，到智利时还在恋爱季，在南美期间才结的婚；朱亦嘉，放弃了在新加坡的优越生活，毅然到智利做了国代；杨宏卫，原新疆销售处电信总监，召唤一声就到南美了……

在前方一切安好，苦累都不是事儿。最大的困难就是对亲人的思念。最苦的不是我们，而是留守在国内的亲人。

不用说取得的成就有多大，能下定决心到海外长期工作，就应该向他们致敬。

四、南美片区的市场格局得到改善。

2006年初到南美时，系统产品除在阿根廷Telecom、巴西Oi、哥伦比亚本土运营商有系统产品应用外，其他市场都是空白。2008年底系统产品突破了巴西VIVO、巴西电信等运营商，市场格局有所改善，但并没有取得实质性进展。在南美，如果市场投资占2/3的西班牙电信、墨西哥电信没有规模突破，就是失败。公司内部考核，2005年南美片区在14个国际片区中排名第12位，2008年排名第4位，说明南美片区的市场格局得到了改善。

我们做得并不好，但相对排名靠前了，说明国际市场拓展整体并不乐观。

大国大 T 战略落地势在必行。

五、海外市场是条不归路，个人要为未来早规划。

从研发到营销，多数人可以适应。但做了销售的，就不会再静下心来回头做研发。心境不一样了。

曾经沧海难为水，除却巫山不是云。

做了海外销售的员工，回到国内很难找到合适的岗位。一是因为公司国际化，国内比国际岗位少很多，很难找到同等级别的岗位；二是因为国内的收入比国际少，一般的岗位也很难激起工作的欲望。

回国后，一段时间内很多人选择了离开公司。海外市场是条不归路，个人要为未来早规划。中国一大波走向国际市场的企业迎面扑来，机会多多……

第五章

最强总监办是怎样炼成的(2009—2010)

中兴通讯在西班牙电信的业务现状

中兴通讯在 2007 年初提出"大国大 T"战略，聚焦全球电信投资最大的国家与最大的跨国电信运营商。西班牙电信（Telefonica）是中兴通讯确定要首先聚焦突破的四大跨国运营商之一。

西班牙电信创立于 1924 年，总部在马德里，是全球第五大电信运营商。公司业务按组织架构与收入来源划分为三个部分：以 O2 品牌运营的欧洲分支，覆盖英国、德国、捷克等国家；以 Movistar 和 Telefonica 品牌运营的西班牙本土，以及拉美市场。

“大国大 T”战略是 2007 年初提出的。时隔一年多，当我 2008 年底到西班牙总监办的时候，总监办的员工人数还不到 10 人，业务还是仅有手机终端业务，系统产品除在西班牙电信的巴西分支 VIVO 有业务产品突破外，其他都还是空白，也没有一个系统产品进入西班牙电信的技术短名单。

而按照西班牙电信的采购流程，进入不了技术短名单，就不可能实现销售。

细想，2004 年时中兴与华为的收入差距仅有几十亿元，到 2008 年的时候，中兴与华为的收入差距是几百亿元，短短几年，华为是如何与我们拉开差距的，常常梦中惊醒。

除了产品结构方面的因素，如中兴 2004 年很大一部分收入来自于小灵通，2008 年小灵通业务市场快速萎缩，我看主要有如下几个方面。

战略方向不坚定，目标不清晰

公司在制定经营目标时，过多地看现状，不具有挑战性。

制定目标时要关注未来，挑战现状。就像影响人类进步的十部巨著之一《君王论》中所说，“那些聪明的射手，当他们发现想要射击的目标距离太远时，就会根据自己的弓力所能达到的限度，在瞄准时把目标定得高一些，显然这并不是想把箭射得那样高，而是想通过提高瞄准的高度来射中目标”。

事实上不具有挑战性的目标，即使完成了，与华为的差距也在扩大。公司制定经营目标，是一个自下而上再自上而下的过程。自下而上是收集信息，了解基层动态。制定经营目标更重要的是自上而下，目标要体现公司的战略意图，体现出与竞争对手相比优势的扩大或差距的缩小。下级经营单位更多的是为实现公司战略目标找方法，而不是为完不成战略目标找借口。当然下级单位可以提出达成目标需要的资源需求，这也是一个资源配称的过程。

考核导向存在问题，执行力不够

我们的考核在较长时间内按年度目标完成率来考核，完成率好的，考核就好，完成率不好的，考核就差。这样取得好的考核成绩就有两个办法，一是努力做好，二是努力把年初任务做低。少数经营者还会产生这样的想法——今年不能做得太好了，每年的任务都是在上年度任务的基础上必须保证一个最小增量，今年做得太好，明年就死得很惨。这样的考核政策压抑了大家积极向上的热情。我们再看《赢》中杰克·韦尔奇在GE倡导的文化，“在年终总结大会上，下一年度的经营目标实行公开竞报，各经营单位都努力提高经营目标，担心目标定低了，而被同僚所耻笑”。

各基层单位，面对不同产品、不同的市场，处于不同的经营阶段，需区别对待。单一的激励手段，造成一些“难啃的骨头”，大家不愿意主动承担。就像侯董事长讲的，考核还是要从完成率、与主要竞争对手的竞争差距比和战略任务（指战略产品、战略市场的突破）完成情况三个维度来考量。因为制定目标的时候不具体，考核结果就会与实际贡献不匹配，这样的考核结果运用起来效果就不佳。优胜劣汰的力度不够，执行力就大打折扣。

资源不配称

有了目标，就要保证有完成目标所需的资源，否则目标就沦为一句空话。比如我们在国际市场上，长期存在产品与市场需求不匹配的问题。产品改进不够快，妨碍了国际市场的快速进步。

2008年前在GSM、WCDMA产品上表现尤为明显。我们知道，移动市场上 GSM 产品的市场空间是 CDMA 产品的五倍，而我们在 GSM 产品上的投入仅是 CDMA 产品的几分之一。GSM 产品在国内市场上经营惨淡，当国际市场上取得突破时，交付质量又出现问题，没有形成正反馈。2003—2005我是 WCDMA 产品经营负责人，我负责期间，也没有从根本上改善 WCDMA 的经营格局，直到 2008 年底，我们在全球才有三个商用网络。进步不够快的原因，我理解主因是公司缺乏“敢为天下先”的信心和决心，在关键事项上，游弋在宽广的太平洋上，迤逦前进。

在国际市场上，较长时间处于“狩猎状态”，见到什么项目，就做什么项目，而没有主动选择战略客户——大国大 T。2007 年战略大调整，确定了“大国大 T”战略，目标明确了，但一年多之后，在公司选择的最重要的客户——西班牙电信，我们的投入仅有 10 人不到，资源又落实不到位。

一怕没有缜密的战略目标，二怕没有落实战略的资源，三怕没有执行战略的执行力。

有很多分析中兴通讯发展不够快的文章，从我的亲身体会看，主要是上面三条。

幸福的家庭都是一样的，不幸的家庭各有各的原因。对中兴一直有人怒其不争，也有人落井下石。客观看，除去华为，中兴还是中国国际化做得最好的企业。

脚踩西瓜皮滑哪儿算哪儿

到西班牙后，环顾左右，两眼茫茫。真不知道从哪里做起。别人做时，在旁边指手画脚是一回事，自己操刀又是另一回事。

第一任职业导师倪勤总教给我的领导艺术是，当你看不清楚的时候，就脚踩西瓜皮滑哪儿算哪儿。

我是中兴西班牙电信的总监，李军是西班牙电信的副总监，负责客户关系。李军是北京外国语大学的高才生，学西班牙语的，人高马大，颜值颇高，我不知道他是怎么从美女如云的北京外国语大学突围出来的。加入中兴后，是首批开拓南美市场的五个人之一，2007—2008 年是哥伦比亚的国代。因业绩突出，就把李军调到西班牙了。李军是学语言的，但对技术也懂，是语言好又懂技术的少有人才之一。

有一天，李军与我分析说："客户现在采购的产品我们都不在短名单，现在强行去推广这些正在采购的产品，是我们一厢情愿。我们应该找出客户真正感兴趣的解决方案去推广。"

"说的对呀，然后呢？"

李军继续说："那就需要有人去和客户交流。我们现在产品线的人对产品了解，但语言不好，对技术的未来发展了解也不够，我们需要找一批业界的专家去与客户交流，让客户觉得中兴还是有水平的。"

"说的对呀，然后呢？"有点意思，我继续问。

李军又说："公司为了拓展大国大 T，在美国招了一批优秀人员，我们请他们来支持一下。而且这些专家过来，费用都是自己出，不用我们管。"

"有这好事儿？速办！"我虽然不知道怎么干，但不花钱就可以干的事情还是要尝试一下。李军知道我小气，还特别强调这些专家对总监办都是"免费产品"。

立即行动！

美国的专家一听是西班牙电信邀请，那得优先支持，这是公司定义的

“VATM”战略客户之一呀。

于是，美国专家来了。

对这些专家，我现在知道怎么样用他们了。首先是要尊重，想办法把他们请来。然后就是把他们推到客户面前，扔入火坑，他们就会使出浑身解数，想办法自己生存下来。烈火之后，专家就是站在你面前的、烧不死的凤凰，而不是端上来的一盘香喷喷的火鸡。

美国来了三位专家 Moli、Larry 和 Dick Chen。水平都很高，印象最深的是 Moli。Moli 是全才，感觉什么都会，无线、有线都可以都很专业，很容易与客户打成一片，而且还特别招女孩子喜欢。文人不可怕，武人也不可怕，就怕文人会武术，神仙挡不住。

这些专家在马德里待了有半个月，见了各个层面的客户，发现：

1. 宽带接入产品，现在正在采购的 ADSL 我们没有机会，但未来的 GPON 我们有机会。西班牙电信 GPON 还没有技术短名单，欢迎我们深入交流，而且觉得中兴做得很不错，颇感意外。

2. 传输产品，现在正在采购的 SDH、DWDM 我们没有机会，但未来的 PTN 我们有机会。西班牙电信还没有技术短名单，欢迎我们深入交流。

3. 移动产品正在采购的 GSM 大基站没有机会，但对我们室内覆盖用的 GSM 小基站非常感兴趣。虽然 GSM 小基站不会大规模采购，但让我们有了一个与客户专家持续交流的机会，要求拿来测试。

4. 移动产品正在采购的 3G 产品 WCDMA 没有机会，但未来的 4G 产品 LTE 我们有机会。西班牙电信 LTE 还没有技术短名单，欢迎我们拿设备来测试，而且对我们 SDR 基站（Software Defined Radio，软件定义无线电）很感兴趣。事实上中兴的无线产品取得全球前四的成就就是从赵先明博士主导开发的 SDR 基站开始的，采用了 BBU + RRU（基带处理 + 射频模块单元）分离的结构，提升了网络的覆盖效果，减小了安装难度。这一架构后来纷纷被业界所采用，成为现在无线基站产品的通用架构。

5. 业务产品，语音短信我们在巴西分支 VIVO 已经商用，客户反馈不错。除短信外其他新业务其实没有什么短名单，只要有创新，客户都愿意与我们交流合作。

6. 配套产品如电源，我们也有很好的机会。一年后，中兴的电源产品，占了西班牙电信在南美市场的 40%以上，这是后话。

这一幕与在 WCDMA 产品工作期间何其相似。我们总是只看眼前，而没有从更长的时间窗口来规划未来。如果我们看得远，就会为我们的资源投入找到方向。

这就是专家的力量。让我们明确了在西班牙电信的产品推广策略：抓住客户正在考虑引入供应商的新业务方向，聚焦未来。我们确定了我们的工作目标：对新产品，我们必须进入技术短名单，成为西班牙电信的合作伙伴。对客户已经有技术短名单产品，不强求。有所为有所不为，多强调客户价值，少强调自身利益。客户本来不需要的产品，我们每天厚着脸皮去推，客户能不烦吗？现在与客户畅谈未来，做好服务，不求他办事，每天风花雪月，客户一定是心存感激的。天荒地老，总有一天，客户会说，中兴，我们还是要采购你们点什么吧。

专家来了，还是会走的，我们必须建设自己的队伍。我曾经是南美区的区总，既然已经确定了要到西班牙工作，就早点把优秀的人安排到西班牙去。说是工作需要也好，说是个人私心也罢，但这样的安排对公司发展绝对是有百利而无一害。

在技术这块，按业务方向设置了四个产品总监。

周锐是业务产品总监，负责业务产品。周锐在海外很多年了，做事情勤勤恳恳。我印象最深的是，人在西班牙，周末还到办公室支持阿根廷的项目。讲中文略有点口吃，讲英文，口吃全没了。估计也是出生时选错国家了。现在回国，继续在国内业务产品线工作。

朱兴泳是无线产品总监。朱兴泳是原来 GSM 产品线到西班牙总监来支持的，张力比较大，八卦能力强，到西班牙没几天，就与大家都混得很熟。喜欢打篮球，最牛的一招，是后仰单腿直立投篮，人都晃晃悠悠地要倒了，再看，球进了。朱兴泳被我们看上了，与 GSM 的产品总经理何赵钢一说，就支持给我们了。

这就是兄弟，你要，就给。

朱兴泳后来做了巴西圣保罗的四层国代，现在也离开公司自己创业了，任上海欣诺通信技术股份有限公司的副总经理，未来成为上市公司的苗子。

童明是宽带产品总监。童明的技术能力强，也跟得住事，就从产品线挖了过来。后来做了秘鲁的国代，算是从技术到销售闭环了一圈个人的职业生涯。现在也离开公司自己创业了。工作上还有交集，现在做得也不错。

巨鹏宇是传输产品总监。直男一枚，网球打得很好，技术能力、执行能力都很好，后来接替彭爱武做了中兴西班牙总监办的 CTO。

李俐是商务总监。就是前文提到的，2001 年在成都 301 招待所碰到的那位美女。李俐有丰富的商务经验，我们投标的商务报价都是她做的。李俐写的商务分析报告，从项目意义、竞情分析、成本测算到报价建议都非常清楚，最后给领导几个选项做决策。领导不用做问答题，只用做选择题。特别适合我这种傻瓜型的。

做商务很辛苦，经常一宿一宿地熬夜，都熬成熊猫眼了。李俐业绩突出，后来做了南美片区的商务技术部部长，再后来回国工作了。再见面时，我邀请她到中兴高达负责商务工作，李俐说："做什么都可以，就是不要让我再做商务了"。在西班牙时用得太狠，这次抛弃了我。

仅有强的中方员工是不够的，本地员工也非常重要。故伎重演，请客户推荐。客户觉得现在巴西 VIVO 的客户总监 Jose Carlos 不错，Jose Carlos 刚好也是西班牙人，就把他从巴西调到了西班牙，负责中兴在西班牙电信的南美业务。Jose Carlos 是我在海外工作五年中见过的最优秀的客户总监，当然也不便宜，占我们总监办的工资比例，与 C 罗占葡萄牙队的比例差不多。另外请了一个客户总监 Jose Polo 负责西班牙电信本土业务。Polo 最大的特点是条理性强，勤奋，能写，跟得住事，也特别能辩。对了，忘了交代 Polo 是律师出身。

这一时期，还引入了两位美女，薛莹与魏嘉。她俩都是西班牙的留学生，后来对西班牙总监办的发展起了关键作用。薛莹原来是 BBVA 银行的员工，杨广平觉得不错，就招聘到了中兴。对人热情，干练，现在已经是西班牙总监办的总监了，就是我在西班牙工作时期的岗位。魏嘉，吴鹏是这么评价的：英姿飒爽！其他的我就不说了。

到西班牙三个月后，工作有了方向，可以坐下来喝杯咖啡了。中国人欧洲度假，前往最多的第一个目的地是法国巴黎。你知道，中国人第二个前往最多的海外旅游目的地是哪里吗？西班牙。西班牙在自然条件上，有丰富的海岸线，日照时间长，地貌特征也丰富，成为了国人度假的优选地。德国人、英国人也最喜欢到西班牙，德国、英国长期下雨、多雾，到西班牙可以晒晒日光浴。在人文上，西班牙曾被古罗马人、西哥特人和阿拉伯人长期统治，也是丰富多彩。好吃的东西更多，最有名是火腿与海鲜饭，不像在德国，全国就两样食品——水煮牛肉与猪肘子。

喝着咖啡，欣赏着美景，我就想，什么是领导呢？你牛，那你就“领”，下属跟着你干；你不牛，那你就“导”，让下属领着你干。“领”就像马拉车，“导”就像驾马车，哪个省劲，哪个跑得快，自己心里清楚。

——王博语录

聚光科技（300203）的董事长王健与我讲，他在斯坦福大学攻读博士的时候，他的导师是美国燃烧协会的主席，绝对的学术权威。每次见到王健的时候，总是说："王健呀，最近又取得了什么新进展，教教我。"

异曲同工，都是以"导"为主。

团队有了，方向有了，拉开架势，准备干吧。

第一次尝试失败

"你们一直努力，想成为西班牙电信的合作伙伴。Right?"

"Yes, Sir." 我回答说。

"如果你们在西班牙电信，取得重大突破，会对你们全球客户的推广起到积极作用。Right?"

"Yes, Sir." 我注视着他，回答说。

"如果你们在网络的最高层能取得突破，对你们接入等设备的突破，也有很大的帮助。Right?"

"Yes, Sir." 我用期望的眼神、聚精会神地看着他，回答说。

"那好，现在有一个项目机会，可以考虑采用中兴的产品。我们计划建设一个综合业务管理平台 SDP（Service Delivery Platform）。通过这个平台，对集团的所有业务进行统一管理。你也知道，运营商的网络逐渐被管道化，我们只有增强我们的业务能力，我们才有可能在竞争中保持优势。

这个SDP是西班牙电信网络最高层、最重要的一个平台，对未来发展至关重要。”

他看我听得出神，顿了顿，继续说：“我知道中兴现在没有现成的产品，但我们相信你们有这样的能力。对这个项目，中兴已经来得晚了，爱立信、华为已经跟踪了很久，但我还是想给你们中兴这个机会。因为我相信，在西班牙电信的供应商中，只有引入中兴通讯这样的供应商，才能保持我们未来持续的竞争力。”

这些理念是我们一直传递给客户的，现在从客户的口中讲出来，一个职务这么高的客户的口中讲出来，我还是第一次亲耳听到，不免有些兴奋。

他若无其事地继续说：“对于这个项目，我们采用特殊的商务模式。供应商要缴纳市场投资。也就是说，作为这个平台的设备供应商，不但要免费建设平台，还要给西班牙电信缴纳投资款，才能获得这个项目机会。后续通过收入分成来获得回报。爱立信、中兴、华为，你们三家，都有机会，谁缴投资款高，这个项目就给谁。”

听到这里，我算是听明白了。前面三个“Right”是让我产生兴趣，后面的商务才是重点。客观地说，项目是个好项目，但还要投资就有难度了。但作为一个客户，能这么直白地表达出来，我们就心存感激了。

“天下没有免费的午餐。”

“无事显殷勤，非奸即盗。”

“店大欺客，客大欺店。”

我微笑着看着对面坐着的三个人，满脑子都是中国的谚语。

坐在我对面的是Luis Miguel、Emilio Gayo和Joaquin Mata，西班牙电信著名的“三剑客”。在西班牙电信的历史里，他们三个一直是一个团队。不论组织怎么调整，即使短时间分开，最后他们三个又会聚在一起。Luis

Miguel是他们的头儿，Emilio和Joaquin是Luis Miguel的左右手，Emilio主要是负责市场，Joaquin主要是负责技术。Luis Miguel负责决策，他们俩负责落地，配合得天衣无缝。我们谈话时，Luis Miguel的职务是西班牙电信业务经营的总经理（General Director），半年后，他升职为西班牙电信南美区的CTO，2012年就提拔为西班牙本土的CEO，负责西班牙电信三大业务板块之一。

Luis Miguel的目光是深邃的，仿佛可以洞察一切。当你虚伪时，你感受到他的目光是冷酷的；当你真诚时，你感受到他的目光是温暖的。Luis Miguel的目光又是那么地清澈，不带有一点点个人的私心杂念。Luis Miguel流着长长的胡子，修剪得整整齐齐，给人一种威严的感觉，举止投足间透出一股贵族的气息。

后来，与一个比较好的客户聊天，说到了Luis Miguel，他评价说，这个人在西班牙电信内部，被称为“狙击手”。我问客户，“狙击手”是什么意思？客户说，Luis Miguel从不按套路出牌，往往结果又超出大家的期望，内部很多人见了他也很头疼，还没反应过来，就被干掉了。

我的性格与Luis Miguel有点像，就像前文所说，博士要么有才，要么有病，我是兼而有之。后来我们很谈得来，有点惺惺相惜的味道。

Luis Miguel也有很多有意思的生活习惯。他家在西班牙，负责南美的业务，于是就需要经常到南美出差。南美时间比西班牙时间晚6个小时，为了周一正常上班，他就周日夜里从西班牙出发。一上飞机，飞机还没有起飞，他就把座位放平，开始睡觉。一觉到天亮，早餐，洗脸，然后就直接到办公室上班去了。从巴西回来，飞机还没有停稳，他就拿着行李站在机舱出口处等，总是第一个下飞机。一次我有意安排与他们乘同一个航班，一下飞机，Luis Miguel早就没影儿了，只看见Emilio走在前面。我就问他，领导呢？Emilio讪讪地说，估计他已经快到家了。

在西班牙电信的决策体系里，CTO是最关键角色，能得到CTO的认可，项目就成功了一大半。

这么大的事情，现场也决策不了。我就对三剑客说，我们很好地理解了这个项目的重要性，也非常感谢他们给我们这个机会，回去研究后及时回复。

回来后，我们紧急组织讨论：

1. 这是一个什么样的项目，值不值得做？

2. 这个项目投入多少我们可以接受？

3. 所谓的收入分成，有保证吗？

业务产品线的总经理是王翔，有线经营部的总经理是陈杰，抓紧时间写报告向两位领导汇报吧。

对这个问题，大家都觉得是一个好项目，值得做，甚至我们愿意免费做，但做了项目，还要交什么钱，这还是人生第一次听说。

与高手过招的好处，就是能不断拓展自己的思维极限。

——王博语录

好吧，我们就把中兴同意免费做的意见反馈给了Luis Miguel。Luis Miguel笑笑说，免费做就算了，另外两家已经同意投资800万欧元。如果这是你们最后的offer（报价），请确定。

“别，等等，我们再回去协商。”

时间长了，我非常佩服Luis Miguel的谈判艺术。两个特点：一、狮子大开口，提一个条件，让你感觉不可接受，但随着时间的推移，竞争对手不断地抬高门槛，你也就慢慢接受了。二、制造恐慌心理。“这是不是你最后的报价？”想得到又怕失去，面对最后一次机会，你经常会说，不是，我们再考虑考虑。一不小心，你就成了他的俘虏。

“800 万欧元。”

“1000 万欧元。”

“1500 万欧元。”

“2000 万欧元。”

“4000 万欧元。”

就想拍卖一样，中兴与华为陆续报价，逐步推高了这个项目的投资水平。客户说，为了拿这个项目，华为的投资额已经报到了 4000 万欧元。如果中兴同意这个条款，项目就优先给中兴。

气泡越吹越大，公司总部已经没有人敢同意这个商务条件了。另一方面，他们说不行，我们前方又不愿意接受。于是我决定回深圳总部当面向公司总裁殷一民汇报。

殷总说：“王守臣，这个商务条件我们不做。一、这不是我们公司的商务模式，我们不会做了项目，还要交钱的；二、这个项目交付界面不清，做不好，不但起不到正面作用，还可能带来负面效果；三、我也没有觉得这个项目与其他产品的进入有什么必然联系；四、公司当前没有能力做这样的投资项目。你知道我们现在有员工股权激励，如果投了这 4000 万欧元，全年利润可能达不到要求，我们的股权激励就兑现不了，那对员工的士气影响巨大。”

我眼巴巴地看着他，还想争辩点什么。

见我这样，殷总接着说：“这事今天就这样定了，三年后也许你会说，我今天的决策错了，那我也认。”

最后华为投资了 4000 万欧元，拿到了这个综合业务管理平台项目 SDP。

第一次尝试失败。

若干年后，再看这个项目的结果，西班牙电信也没有取得他们期望的效果。试想呀，每个分公司都是一个独立的经营单位，现在总部建一个平台，把分公司的经营权都收了，还要每个分公司每年交多少粮食给总部，分公司会支持这样的项目吗？一段时间后也就不了了之了。

华为投了4000万欧元，拿到了项目，投资也没有收回来。据说西班牙电信在后续的项目上补偿了事。这也是大公司与小作坊的区别。像西班牙电信这样的公司，知道你在东山吃亏了，在西山也会补偿于你。

> 运营商与供应商之间的关系就如同男女关系，只有两种状态，要么有关系，要么没关系。有关系比没关系好。
>
> ——王博语录

直至今天，每想起来，还真佩服殷总决策的勇气。很多事，说做容易，说不做难。

违规

“Scott吗？Luis很生气，后果很严重。”

接到这个电话的时候，我正在拜访客户的路上。给我打电话的是西班牙电信采购部的总经理Luis。以前我拜访过他一次。Luis说话有点慢条斯理，讲话总是站在你的角度，感觉是在帮你，语气中又有些无奈。现在觉得这是采购人员的最高境界，让供应商觉得你是他的朋友，供应商就会既要面对不被采购的严酷现实，又永不失去信念。Luis说：“从采购部的角度看，我们希望引入中兴通讯这样的供应商，这样才能引入竞争，降低采购成本。以前西班牙电信的供应商都是欧美企业，后来华为进来了，降低了我们的采购成本。在每个产品领域，基本形成了“2 + 1”的供应商格局，2 家欧美厂家 + 1 家中国厂家。现在“2 + 1”运作基本失效了，欧美厂家与华为不再在商务上竞争，反正华为无论如何也不可能拿走全部的份额，欧美厂家就报一个高的价格，各得其所，华为也没有再降价的动力。现在从采购上讲，西班牙电信希望是“1 + 2”的架构，1 家欧美供应商 + 2 家中国企业，这样才能起到竞争的作用。但成为新的供应商，需要技术部门决定，首先进入西班牙电信的技术采购短名单。”

这从另一方面也验证了我们聚焦技术短名单经营策略的正确性。

听 Luis 在电话里讲，大概就是我们做错了事，要对我们处罚。我的英语没有那么好，就让讲西班牙语的李军打电话过去，才明白了是怎么一回事儿。

通过前期美国专家与客户的交流，西班牙电信总部同意测试我们的 4G LTE 产品，但在协议中有明确的条款，对双方在 LTE 上的合作，没有西班牙电信的同意，中兴不能对外宣传。对这个要求我们在公司的品牌部也做了备案，但在 2008 年巴塞罗那电信展的新闻发布会上，一位领导对媒体发布了中兴正在与西班牙电信在 LTE 上合作的消息。

约谈，Luis 要求我们第二天 9:00 到指定地点交代问题。

到了指定地点一看，参加会议的不但有 Luis，还有集团总部的 CTO Vicente San Miguel。Vicente 我是第一见到，西班牙电信最高层领导之一，整个集团的技术短名单，都是他说了算，说明事态很严重。

一上来，Luis 首先介绍了一下 Vicente，Vicente 接着就开始讲了，这件事情很严重：一、中兴违反了双方的协议；二、既然已经发布了，也难以收回。这个新闻对中兴有很大的商业价值，价值千金，中兴通讯应该为此支付 1000 万欧元的品牌费用。否则，从此停止一切与中兴通讯的合作。说完就气呼呼地走了，把我们撂在这里。

Luis 双手一摊，领导很生气，后果很严重，我也没有办法，1000 万欧元你们回去想想怎么交吧。

摊上大事了。

祸是总部闯的，就问总部怎么处理吧。先把总部能接受的条件确定下来，我们再在前方想办法减少损失。

人遇上麻烦事情，两种心态。如果有能力解决，就会想办法解决，甚至做最后挣扎；如果根本解决不了，就让它随风儿去吧，心情反而轻松。

我现在的心态是后者。在西班牙电信不断地投入，一毛钱没有赚到，还要赔 1000 万欧元，那不做也罢。

过了两天，见没有什么动静，Luis 又打电话给我，问有什么进展。我就约他当面聊聊，Luis 同意了。

当面聊比电话效果好，可以观察人的反应，也便于及时调整策略。

Luis 问我 1000 万欧元筹集得怎么样了。

我笑笑说："Dear Luis，我说下面的话，您可能生气，但我不得不表达一下我的直接感受。中兴通讯内部把西班牙电信作为全球最重要的四大客户之一对待，您也可以看到过去一年我们的投入。现在仅在西班牙的工作员工，就有 80 多人。这些人一年的开支是多少？还不要说还有那么多的测试项目在进行，家里还有更多研发人员为了满足西班牙电信的特殊要求，夜以继日地工作。到现在为止，西班牙电信没有给我们一分钱的合同。你知道，中兴的存在对西班牙电信是有价值的，就像上次我们见面您提到的那样，没有了中兴，你们就得不到更好性价比的产品。"

看 Luis 被我说的有些动容，我就得寸进尺，继续讲道："如果因为这个失误，要罚款 1000 万欧元，我们也没有这么多的投入，也只好关门走人。”Luis见我这样，也放低了自己的姿态，说：“公司总部最高领导有这个要求，你们也不能没有赔偿，我们协商一个双方可以接受的额度，让双方的领导都能过得去，这事也就算过去了。以后我们继续合作。”

写到这里，我忍不住要笑了。现在看这件事情，我们确实违反了约定，西班牙电信对我们进行罚款，合情合理。但要这么高的额度，是一种试探，更多的是在建立自己的心里优势。你会说，西班牙电信作为全球第五大运营商，这么富裕，还会在乎这么点钱呀？错！正是因为他们有这样精细化的经营理念，才变得这么富裕。

这事后来赔了点钱，不多，具体额度已经记不清了，从以后签订合同款中扣除。

坏事也是好事，这也意味着我们的合作快要开始了，否则款从哪里扣呢？

Head to Head

销售的目标就是要签订合同、完成交付、实现回款。如果对于像跨国运营商这样需要突破时间长的客户，直接要求这些，也许几年销售额连续为零，就不如要求具体点，考核实现销售目标之前的一些基本动作。

在总结以往成功经验的基础上，中兴总部提出营销的五大基本动作：

一、邀请客户回国参观。

这是五大基本动作中效果最好的。没有来过中国的，还以为中国与非洲差不多；来过中国的，才知道上海外滩胜巴黎。到印度出差，客户会说，中国发展不错呀，再过20年，上海可以赶上孟买了。于是印度总理到中国访问，中国政府就安排他到两个地方去看看，一个是最发达的上海，一个是不怎么发达的西安，据说回去就啥也不说了。

客户到了异地，人生地不熟的，就看你怎么安排了。微小的帮助，都是伟大的关怀。每当这个时候，也是竞争最激烈的时候，本来是你邀请的客户，如果华为知道了，一定会要求客户顺道去华为看看。有时不成，暗地里就抢。有次我们邀请了客户，一直在出口处等，左等不来，右等不来，后来才发现，客户一下飞机，就被华为从舱门口接走了。

对老外来讲，中国人都长得差不多，哪能分得清楚谁是谁呀。

二、高层互访。

做生意关键是两点：1. 找到决策的人；2. 真正解决客户关心的痛点。高层见面，增加信任，如果高层达成共识，后续推进就事半功倍。

三、开通试验局。

用得好，才是真的好。如果你对自己的产品有信心，就让用户试用。

四、签订战略合作协议。

如果把合作意向用书面的形式确定下来，双方的行动就有了纲领，对双方的执行都是强有力的推动。本来运营商与设备供应商就是鱼与水的关系，谁也离不开谁。

五、参观现场会、展会或样板点。

百闻不如一见。与客户同处异地，也更容易加深与客户的关系。

这些要求非常具体，也可以很好地测量客户关系处于什么样的状态。就像《数字化企业》中所讲的，“如果你要改进它，首先你要认识它；如果你要认识它，首先你要量化它。”客户管理也是需要不断测量、不断改进的。

精诚所至，金石为开。西班牙电信终于对我们开放大门了。

语音短信在西班牙电信巴西分支 VIVO 有商用，使用的效果也很好。

现在西班牙电信，计划对南美所有国家的语音短信平台进行更换，中兴通讯就成为了西班牙电信第一优选合作伙伴。

这个项目由外籍商务总监 Diodoro 负责。Diodoro 是我见过的最负责的外籍员工，每天 7 点多就到办公室了，来的最早，走的最晚。办事一板一眼，写材料严谨工整。坚持原则，缺点是不够灵活。这个项目既然客户首选中兴，技术上就不用担心了，关键就在于我们商务上能做到什么程度。在不丢单的情况下，Diodoro 能顶住的时间越长，我们优化商务的空间就越大。

最后，决策人 Luis Miguel 受不了，对 Diodoro 说："让 Scott 过来谈，我们要 Head to Head（头对头）。"

Head to Head，这个短语后来我常用，就是从这里学来的。

Luis Miguel 说："Scott，你们一直在努力成为西班牙电信的合作伙伴，现在是你们的最好机会。半小时后，我就要向董事会汇报这个项目。这是我们的条件，如果同意，我们现在就确定下来，如果不同意，华为就在门口等着，这个项目就给华为。我不想再浪费时间。"

Luis Miguel 讲的也是实情，我也相信华为的人就在门口等着。我提了一些我们的困难和要求，Luis Miguel 也同意了。我说给我 5 分钟，给公司总部汇报一下。

那时国内已经是夜里 12 点了。一打电话，领导关机。真好！不是不汇报，是电话打不通。就这么定了吧。

返回办公室，对 Luis Miguel 说公司总部同意了，非常感谢给我们这样一个机会。

Luis Miguel 也很高兴，随手从会议桌上拿了一张餐巾纸，写道：

合同额：4000 万欧元；

条件：……

西班牙电信签字人：Luis Miguel　中兴通讯签字人：Scott

我们在西班牙电信总部第一个系统大项目就这样落地了，写在一张餐巾纸上。

一发不可收

一发不可收，短短一个月内，中兴通讯与西班牙电信签订了传输与宽带合同、无线设备合同、电源合同、手机合同。总合同额30多亿元。

整个团队都处于高度的兴奋之中，大家都处于没日没夜干活的状态。西班牙与国内有6个小时的时差。国内上班的时候，是西班牙的凌晨2点。我们就2点钟起来，与国内沟通。等到西班牙的早上8点，我们根据总部的要求，再去西班牙电信沟通。一个多月下来，也不觉得困。

因为进步来得太快，总部也被搞糊涂了，殷总说，一会儿说是个业务合同，一会儿说是个有线合同，一会儿说是个无线合同，一会儿又说是个手机合同，到底是个啥？让王守臣回国汇报。

听完我汇报，不是一个，四个都是。

没有一个跨国运营商进步有这么快，所以总部也不敢相信。殷总说："这么重大的事情，还是要公司高层参与，尽量少犯错误，不能越级决策。"领导批评得对。但我看得出，公司领导对结果还是满意的，就故意说道："我原以为，回来汇报，会受到表扬，没想到被批评一顿，我很不开心。"

"得，得，不要得了便宜还卖乖。你要知道，公司对你支持有多大。"殷总说。

我当然知道，没有总部的支持，这些项目是拿不下来的。这样的支持，也是对我们团队的信任。

这个批评就是最好的表扬，当天就高高兴兴返回西班牙了。

这次，也未能回家看儿子一眼。登机时心里“咯噔”一下，儿子，是你想我了吗？

“郭谷歌”传

在中兴第五营销事业部（负责南美和北美市场）一直有一个传奇。

孙策临终嘱托孙权说：“外事不决问周瑜，内事不决问张昭”。

互联网行业说：“外事不决问谷歌，内事不决问百度”。

在第五营销事业部，如果有不知道的事儿，那就问郭轶东。

郭轶东，姓郭，名轶东，知识女性。年纪比她小的都叫她郭姐；像我这样，年龄比她大的，也叫她郭姐。郭轶东能获得“郭姐”这个称号，与她的个人经历与性格有关。郭姐专业是阿拉伯语，英语也是母语级别的水平，是公司最早开拓国际市场的女国代，到中兴不久就被派到北非去了。苏丹高温，生活条件差，很艰苦。车开过去，后面尘土飞扬，那时候基本看不到一条柏油马路。一次，侯董事长去苏丹，郭姐说，我开最豪华的车，八百里加急去接您。侯总出来一看，是一辆三轮车。大家一起绝尘而去。

郭姐从北非转岗回到总部，从业务转行到了管理，开始与其他同事一起开拓欧美市场，不久便开始负责全球市场的总部运营支持工作，随着全球市场的不断扩大、分拆，她先后做过全球本地化招聘工作，海外事业部总部平台运营支持总监，负责人事、行政、销售管理、品牌等工作。我从产品事业部调到第五营销事业部的时候，也是我们开始共同工作的日子。

那时郭姐是第五营销事业部的人事总监，负责整个美洲地区的人力资源管理工作，总之各种与人有关的问题，都是她的工作职责。她最大的强项是处理各种复杂的人际关系，并且调动各种总部资源、国内资源为办事处解决难题。外派人员国内的家人病了，她负责协调资源找个医生；代表处的员工辞退不了，郭姐负责 EAP（Employer Assistance Program，员工帮助项目）一下，人家就心平气和地离开了；如果有员工需要找个女朋友啥的，郭姐就更开心了，她会说，红娘才是我的专业呀……公司的人才信息库我拥有最高权限，我可以帮你找个靠谱的另一半。可见郭铁东在团队中的江湖地位。

郭姐也很懂得生活，夫妻结婚十几年了，每次她老公出差回来，她都要开车去机场接，还带着儿子，手捧鲜花。这是一个什么样的女人呀！

郭姐还有一个称号，叫郭谷歌。因为全公司没有她不知道的事儿，上至公司战略高管人事变动，下至公司内务员工各种八卦。同时期还有一位英雄，周总，号称自己也是无所不知，也要叫周谷歌。这事让郭姐知道了，说，周总哪有我厉害呀，我叫郭谷歌，周总就叫周百度吧。

也不能说你是郭谷歌就是郭谷歌吧，我们决定测试一下。

一次郭姐到西班牙来，我与西班牙总监办的 CTO 彭爱武就设计了一个题目。问郭姐，向您打听一个人，看你认不认识？

一听这个，郭姐一下子时差感就没有了。

彭爱武说：“公司有一个人，这个人跟公司的高层领导很熟，对公司的影响力也很大，但不是管理干部，猜猜他是谁？”

郭姐想想，这个我知道，她一报名字，我们说不是；她再报一个，我们说还不是。郭姐没心思吃饭了，想来想去，到最后也没有猜对。

因为这个人根本就没有呀。

第二天郭总问，我知道了，是不是他？

我倒！24 小时不休息，还在想呀。据说这是天蝎座的特点，执着并且追求结果为导向。

就凭这种精神，也应该把“郭谷歌”的荣誉称号给她。

现在郭谷歌自己创业了，专注于“一带一路”企业的跨国人力资源管理、高新技术企业的管理咨询以及高管人才的职业生涯导师服务。有不知道的，找郭姐吧。

人脉也是生产力。

站在今天看昨天

转眼在海外工作 5 年了，幸福的是自己，苦累的是家人。我在外面吃吃喝喝、玩玩乐乐，而夫人要在家一个人带孩子。带孩子的过程，我想心是快乐的，身体是苦累的，也有人说，时间长了，人也是麻木的。

原来计划海外工作两年，现在都 5 年了。我回来的时候，Luis Miguel 说：“Scott，你取得这么大的成就，估计回去公司会提拔你。”他说对了一半，Luis Miguel 自己被提拔了，任西班牙本土的 CEO。我还得回去自己找工作。

前文就说过，国际市场是一条不归路，国内的岗位“人多岗少”，能找一个称心如意的难。我算是幸运的，因为我是“产品中最懂市场的”，也是“市场中最懂产品的”，所以回来后得到了多个岗位的邀请。首选工作地上海，刚好负责 LTE 的产品总经理段玉宏去做投资了，我就顺理成章地接了这个岗位，又干起了产品经营的老本行。

站在今天看昨天，看看这5年得到和失去了什么。

做出了中兴通讯业绩最好的大T总监办

对，做出了中兴通讯最好的大T总监办，而且不是我在的时候最好，一直到现在，都是中兴通讯业绩最好的总监办。2011年我离开时，副总监李军接了我的岗位。2015年李军离开时，副总监薛莹接了李军的岗位。一个团队，如果他们的领导能从自身的队伍产生，就说明这个团队是有活力、有梯队的，业绩长期增长也有保障。在西班牙工作期间，公司无线、有线、业务、终端四个产品事业部的产品全部在西班牙电信规模商用，未来新技术的短名单一个也没有丢过。西班牙总监办连续两年获得公司最高荣誉奖：2009年获得竞争超越奖，2010年获得特别贡献奖。

团队的奖金也没得说，2009年的奖金，按公司的战略任务奖励政策，应该奖励我们1000多万元，不到20个人分。公司也不容易，业绩突破也属偶然，最后打个折算了。

全球化的视野

西班牙工作之后，看问题有了全球化的视野。与强手在一起共事，可以让自己变得更强大。西班牙电信作为全球排名第五的运营商，也不是浪得虚名。一说西班牙，我们首先会想到的是足球、网球，一大堆的体育明星，再有就是斗牛、弗拉门戈舞。这些都体现了西班牙人热情、好玩的天性。相伴的我们也会觉得西班牙人相对懒散。但西班牙电信不是，这里的人工作劲头一点都不比国内差。西班牙电信的经营理念比我们要高很多。比如西班牙电信的办公大楼，20%的用电是自身楼顶的太阳能发电，不是因为太阳能发电便宜，而是认为西班牙电信要做表率，使用清洁能源，拯救地球。西班牙电信总部大院，装饰修剪得像个花园似的，大家可以随便到里面散步，也不会被保安阻拦。到了晚上，西班牙电信就停掉了整个大楼的照明供电系统，加班的人也很多，就每人配一个台灯，节约用电。

你会说，这么有钱的单位还这么节约？错，是他们这么节约，才变得有钱。

公司的利润，一半是挣出来的，一半是省出来的。

——王博语录

原来觉得欧美人很了不起，现在还觉得欧美人很了不起，但不是以前的崇拜与敬仰了。在我们团队内年薪 10 万、20 万欧元的人才大有人在，觉得与他们相比，我们也各有优势。

在海外，见过总统，见过部长，也见过中国的国家领导人，发现其实大家都一样，也就是个人。如心无所求，就可以做到不卑不亢。

以前做产品经营的时候，主要会考虑中国市场，现在看什么，会从全球市场的角度出发。我想这就是全球化的视野。

必胜的信心

一路走来，到中兴通讯 12 年了，一直在做自己没有做过的事情，总是在挑战自己。每到一个新岗位上，都是战战兢兢、如履薄冰。作为一个控制专业的博士生，加入中兴时，是从什么是时隙学起的。2001 年到任小灵通产品总经理的时候，一年要采购、销售几十亿元，这么大的生意以前是想都没有想过的。2004 年到任 WCDMA 产品总经理的时候，要管理 1000 多人的研发队伍，也算是“团级”干部了。2006 年到任南美区域总经理的时候，要从一个文人转为一个武将，从与产品打交道转化为与客户打交道。2008 年到任西班牙电信总监的时候，又要做销售中最困难的跨国运营商工作。还好，都活着出来了，每个岗位的评价还不错。

现在我的心态就是，什么都能做，有了必胜的信心。

你会说，小子耶，自信心膨胀了呀！

领导不表扬，还不能自己表扬？生活就是要平衡，领导批评的时候，自己要找自己的优点；领导表扬的时候，要谦虚，说哪里哪里。

成功人士，之所以成功，无他，唯手熟尔。

失去了与儿子一起成长的机会

人为什么要死？人只有有了死期，才有了畏惧，才会珍惜活着时身边的一切。人为什么生孩子？大了讲，是为了种族延续；小了讲，是让你拥有完整的人生。人的一生中，能记得童年、少年、中年、老年，但不记得幼年。生一个子女就是让你有机会体验你忘却的、幼年的记忆，给你一个完整的人生。

世间万物，美妙无比。就像人，生的时候，都是攥着拳头，死的时候都是双手摊开，这是为了来世再攥拳头做准备；生的时候，吸进第一口气而来，死的时候，吐最后一口气而去，这是为来世的吸气做准备。

我的幼年是什么样子的？这个问题我不再会有答案，我已经失去了与儿子一起成长的机会。

人生不会十全十美，喜怒哀乐，就是生活。没有失去，就不会珍惜拥有。

“登东山而小鲁，登泰山而小天下。”

我大概能感受到当时孔子的心境。

第六章

听，有一个声音在召唤（2011—2017）

再做产品总经理

重新坐在5年前的岗位上，做5年前就做过的工作，显得得心应手一些。

TDD产品线主要由三个产品组成，一个是Wimax；一个是基于中国提出的TD-SCDMA标准开发的3G产品，该产品仅在中国移动有应用；还有一个是基于TDD-LTE标准开发的4G产品，这个产品在全球TDD的频段上会有广泛应用。

Wimax产品是我2006年离开的时候留下来的。5年过去了，再看5年经营史，没有一年盈利，年年亏损。看未来，也没有盈利的可能性，还有一堆的库存、收不回款的坏账。于是就下定决心把这个产品下市了。

在中国选择上 3G 的时候，总共有三个标准的产品 WCDMA、CDMA2000 和 TD-SCDMA 可以选择。WCDMA 是基于 2G GSM 的演进，CDMA2000 是基于 2G CDMA 的演进。中国电信从中国联通购买了 CDMA 网络，中国电信的演进方向无疑是 CDMA2000。WCDMA 是一个全球通用的标准，中国移动与中国联通都想上。但为了体现国家对自主研发标准 TD-SCDMA 的支持，国家决定让更有实力的中国移动来建设 TD-SCDMA 网络，让实力最弱的中国联通建设 WCDMA 网络。

由于 TD-SCDMA 网络建设完成后，网络质量比 WCDMA 的网络质量差，而且也没有好用的高端手机，所以用户发展就差强人意。特别是苹果推出 iPhone 以后，仅支持 WCDMA 网络，一大批中国移动的用户就转移成了中国联通的用户，或者一个用户同时拥有了中国移动和中国联通两个号码。

一看 TDD 产品线的经营数据，就这么点收入，没利润还亏损，虽然与 TDD-LTE 还处于研发投入阶段有关，但还是觉得人太多了，减员增效吧。首先把天津的 50 号研发人员，划拨给了微波产品线，微波产品线正好缺人。公司决定把原来有线经营部的 WLAN 产品线划拨到无线经营部，我就主动申请接了下来。产品线人员不增加，从现有人员中抽调人员完成，工作量又增加了 50 人/年左右。

赵先明博士是无线经营部的总经理，说以前只看到产品线争取资源的，还没有看到过产品线主动要求减少资源的。

因国内 TDD-LTE 的牌照落实得比较晚，TDD-LTE 产品首先在日本软银获得了商用，带领团队全力保障开通了全球第一个 TDD-LTE 商用局。

这就是我在 TDD-LTE 产品总经理岗位所做的主要工作。

在任 TDD 产品总经理期间，结识了几个大神级的人物，特别要提一下。张万春时任 TDD 产品线副总经理，主管产品研发，为了解决日本软银的产品质量问题，一个月加班 168 小时，连续几天晚上就待在实验室里，是我见过的中兴员工中最拼命的。架构部部长王喜瑜，看问题往往能看到问题的本质，三言两语，简洁有效，涉及到公司核心机密就不多讲了。公司首席科学家向际鹰，技术厉害也就算了，看文章也是一目十行，打字比打字员还快。还有，商务总监杨风丽，对商务和技术融会贯通，中国移动的商务报价简直是了如指掌。你若问她云南省总共发了多少个基站，覆盖哪几个城市，杨风丽闭着眼睛都可以告诉你。中国移动几次商务报价都很成功，杨风丽功不可没，因此还获得了 2013 年度金牌员工（中兴通讯每年都从基层员工中投票选出 10 名优秀员工，授予 24K 纯金做的奖牌，是基层员工的最高荣誉）。现在在 5G 产品线，负责国内市场和商务。

中国移动的 TD-SCDMA 产品招标一年才有一次，全球有 TDD 频段的运营商也就那么几个，市场也是相对有限的。忙碌习惯了，一闲下来，就觉得空落落的。看着窗户外面自由飞翔的小鸟，自己还要这么规规矩矩地上班吗？

3 年经历，仅能写满一页纸，应该改变点什么了。

转战中兴高达，寻求创业机会

偶然的机会，在朋友圈中看到了苹果公司 CEO 乔布斯在斯坦福大学毕业典礼上面的演讲，深深地被乔布斯的话语所打动。

乔布斯是一个私生子，被养父母养大。养父母为了兑现对乔布斯生母的承诺，花尽所有的积蓄，供乔布斯上了大学。在大学期间，乔布斯觉得所学课程并不是自己感兴趣的东西，毅然地选择了退学。在退学期间学习了自己感兴趣的艺术字课程。虽然当时觉得这些没有什么用处，但当乔布斯开始做 Macintosh 电脑的时候，学习的艺术字课程知识，帮助乔布斯创造了电脑操作界面上优美的文字。

当乔布斯因经营理念与其他管理层不符被迫离开苹果以后，他又创立了一个名叫 NeXT 的公司，还有一个叫 Pixar 的公司。Pixar 制作了世界上第一个用电脑制作的动画电影——《玩具总动员》，Pixar 现在也是世界上最成功的电脑制作工作室。在后来的一系列运作中，苹果收购了 NeXT，乔布斯在 NeXT 发展的技术为苹果公司的复兴发挥了至关重要的作用。

生活中许多事情并非有意安排，坚持做自己感兴趣的，就犹如在制作一颗颗珍珠。当有一天，你拿一根银线把这些珍珠串起来的时候，就是一串价值连城的项链。

1998 年，我刚加入中兴通讯的时候，做基础产品研发，学习了研发工作的基本技能；2001. 1—2003. 12，任小灵通产品总经理，跟着日本领先企业，学习了商务技能，这个岗位也让我学会了如何做产品经营；2004. 1—2005. 12，任 WCDMA 产品总经理，学习了如何管理上千人的研发团队；2006. 1—2008. 12，任南美区域总经理，学习了销售技能；2009. 1—2010. 12，任西班牙电信总监，与全球最领先企业打交道，让我有了全球化的视野和必胜的信心。现在做 TDD 产品总经理，工作可以做好，于个人仅是简单地重复以前的工作，不再有进步空间。在公司现有的条条框框里，也很难实现自身的价值。

乔布斯说："Stay Hungry. Stay Foolish."

看来，我需要寻找一条 Hungry 的路。

刚好无线经营部下面，要成立一家叫中兴高达的子公司，聚焦无线应急通信产品。中兴高达是一个子公司，独立的平台，未来发展的机会会更多。中兴子公司被出售、独立上市的成功案例还真不少，如国民技术（300077）、聚飞光电（300303）、中新赛克（002912）等，被上市公司收购的企业、已经脱离中兴独立的企业更多，如中兴物联、中兴力维等。

经努力申请，我终于如愿以偿地上任中兴高达的总经理了。

中兴高达——崛起的应急通信新贵

中兴高达的主营业务是聚焦应急通信，我们先来看一下什么是应急通信。

什么是应急通信？

应急通信顾名思义就是在“急的时候能用得上”的通信系统。比如发生地震等自然灾害后，运营商的网络都损坏用不了了，这时候应急通信网要能用得上。这就要求应急通信网的“抗毁性”要强。

说到应急通信网的“抗毁性”，最好的当然是卫星通信了，再怎么震卫星也掉不下来，到目前为止也还没有什么卫星是被“敌方”打下来的。卫星通信的缺点是成本高还不能普及，所以汶川地震时出现过上千人排队打卫星电话给远方的亲人报个平安的场面。

“应急通信”英文有个专门的说法，叫“Critical Mission”。中文很多人翻译为“关键任务”。我觉得翻译成什么都没有英文的韵味了，我理解是“救命的东西”，但这样翻译又太口语化。

在应急的场景中，大量部署的是无线应急通信网。

作为无线应急通信网有两个基本特征：

1. 支持直通模式，DMO（Direct Mode Operation）。所谓直通模式，就是不通过网络，一个组里的成员可以直接通话。这也就是我们讲的“抗毁性”。基站不行了还能保证基本通话。

2. 通话时延小于 500 ms。通话时延是个关键指标，虽然现在的专用集群基本都能做到。这个指标为什么这样重要呢？举个例子，指挥官命令士兵开枪，早听到的士兵先开枪了，晚听到的士兵没有开枪，估计晚开枪的哥们儿就牺牲了……大量的研究表明，如果时延在 500 ms 内，士兵因指挥不一的牺牲概率就很小了。

再举个例子，在港口指挥长看到了危险，要正在移动的桁架停下来，时延长估计又有哥们要牺牲了……

低于 500 ms 的时延要求，基于公网的集群就做不到了，所以公网对讲适用于物业、商场、货车司机等不涉及人员安全等场景。

对一个国家来讲什么最重要？安全！所以军队、公安等部门都会建设自己的应急通信网络。应急通信是一个上百亿美元的市场。

无线集群家族

无线集群是无线应急通信中应用最多的一种通信手段，体现为“一呼百应”，一个人讲话，群组的成员都可以听到，特别适合于作战指挥。

大家先花 5 分钟看一下这张图（见下页），把这张图看懂了，对集群的产业就了然于胸了。

解读如下：

1. 与运营商公网相似，无线集群也有模拟和数字 2G、3G、4G 四个发展阶段。

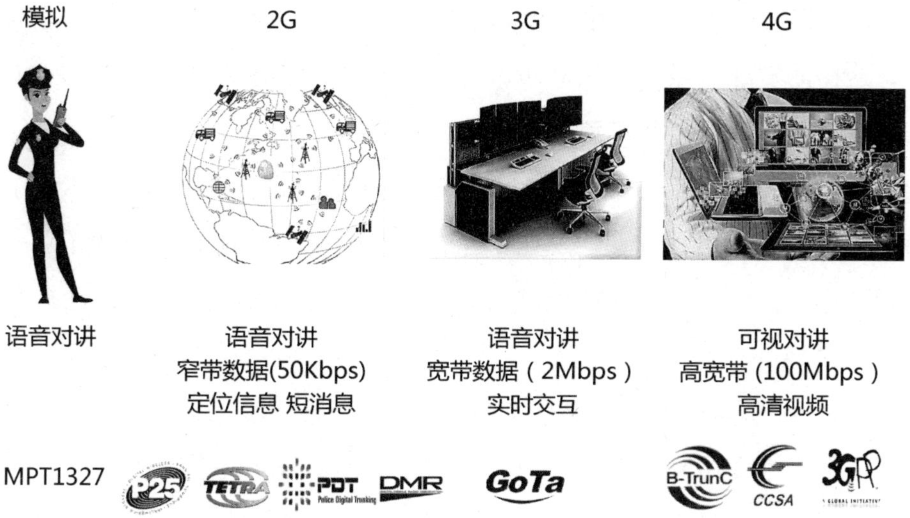

对应公网的模拟、2G（GSM，CDMA）、3G（WCDMA，CDMA2000）、4G（LTE），集群的标准和产品系列如下：

模拟：MPT1327

2G：P25、Tetra、DMR

3G：GoTa

4G：B-TrunC、MCPTT

2. 与运营商公网相比，专网集群发展缓慢。

现在专网50%以上的用户还是模拟用户。模拟+数字的用户占了全球用户的96%。另外4%是宽带用户，主要是中兴的GoTa。LTE集群用户刚刚开始发展。

3. 全球集群技术发展有三大趋势：

3.1　模拟集群向数字集群发展

数字集群与模拟集群相比，话音更清晰。如果你使用过大哥大，就知道数字通信比模拟通信的话音进步有多大了。

数字集群频率资源使用效率高。每个国家都定义了窄带集群的频率资源，这样的资源有限，非常珍贵，数字集群的频率使用率是模拟集群的 2 倍。这是数字集群得到广泛应用的第二个原因。

数字集群支持定位功能。模拟集群不支持定位功能。如果你是个路盲，或者想知道自己的女朋友在哪儿，就知道定位功能有多重要了。生活上是这样，打仗、抓坏蛋定位就更重要了。这是数字集群得到广泛应用的第三个原因。

3.2　窄带集群向宽带集群发展

窄带以语音功能为主，数据功能弱，从 9.6 Kbps 到 20 多 Kbps 不等，这个流量发个短消息还行，传个照片都慢了，流媒体就不用想了。在实际工作中除了“听得见”，大家最希望的就是“看得清”。口头描述一个罪犯特征有多难，看个照片就什么都清楚了。LTE 刚好有这个能力，所以基于 LTE 的 4G 集群标准就应运而生了。现在美国、欧洲、中国都在建设或运营 LTE 集群。

3.3　2+4 宽窄带集群技术融合发展

LTE 既支持语音集群又支持数据图像，那还建 2G 集群干嘛？

问得好，主要问题是没钱、没频率。

在窄带集群，每个国家在 300～500 MHz 预留了频段，这个频道的覆盖好，一个基站可以覆盖 10～20 公里，LTE 基站在 1.4G 频段大概覆盖 2～3公里。达到同样的覆盖，LTE 基站的投资大概是 2G 的 10 倍，一般业主没有这么多预算。

多数国家还没有定义 LTE 集群的频率资源，所以没有办法落地。

所以有人就在想，如何把 2G 的语音广覆盖和 4G 的高数据带宽结合起来，发挥二者的优势？2+4 宽窄带集群技术融合发展就应运而生了。

2+4 宽窄带融合是业界发展的主流方向。

喜欢打破砂锅问到底的朋友可以再学习一下以下几个基本概念：

P25 — Project 25：是一个美国标准，主要在美国、加拿大等国家使用。

Tetra — Terrestrial Trunked Radio Association：欧洲标准，是现在军队、公安使用较多的标准，价格约是 P25 的一半。

DMR — Digital Mobile Radio.：欧洲标准，在港口、能源等商业市场使用的比较多。

B_Trunk — Broadband Trunk：基于 LTE 的中国标准。

MCPTT — Mission Critical Push To Talk.：3GPP 标准，在 R13 中有定义。

快速发展中的中兴高达

2013 年 6 月中兴高达开始正式运营，注册资金 4500 万元，人员只有 150 多人，产品主要是基于 CDMA 技术的 GoTa 集群和 LTE 集群。这两个产品都有一个问题，就是缺少频率资源，所以一直也没有发展起来。对标同行标杆企业——摩托罗拉和海能达，他们都没有宽带产品，仅有窄带产品，业绩也做得很好。他们为什么发展这么好呢？我们急需弄清楚我们经营中存在的关键问题。于是我们用一周时间，拜访了摩托罗拉、海能达、东方通信、优能、维德等业内做窄带的优秀企业，探讨产业发展方向，寻求合作机会。

通过交流发现：

在应急通信领域，70％的收入来自于终端。

在相当长的一段时间内，应急通信产品应是以窄带产品为主，宽窄带融合是业内发展的主流趋势。

回来后我们就决策进入 DMR、PDT 窄带领域，大力发展 2 + 4 宽窄带融合。

在这个领域与同行相比，中兴高达无论在技术积累、资金实力和销售渠道上，都是有明显的领先优势的。

现在方向正确了，通过团队的一致努力，从 2013 年到 2016 年，短短的三年内，公司员工规模从 150 人发展到 600 人，业绩收入也从 2013 年的 3000 万元增长到 2016 年的 7 亿元。

行业影响力急剧提升，中兴高达俨然成为应急通信领域的一名新贵。

听从内心的呼唤

在中兴高达的日子是快乐的。作为一个相对独立的平台，还是给予了团队较大的发展空间。与在母公司时相比，业务也取得了长足发展。

作为中兴通讯的子公司，同时还要受到总部的多种约束，所以也不是十分满意。

如果是一个独立创业公司，你可以规划今年亏损，明年盈利，不在于一城一池，看 3—5 年的总体发展。但作为子公司，总部要求你每年都要有一定比例的增长。

如果是一个独立创业公司，可以根据业务快速发展的需要去融资。但作为子公司，操作的难度大，周期长。

如果是一个独立创业公司，团队的个人收入可以今年少一点，明年多一点，都可以。但作为子公司，员工收入好的时候没有意见，如果收入差，就与母公司的收入比。创业的人，要有创业的情怀，不在乎眼前的苟且。但这并不是所有中兴高达领导的想法。

有一天，讲“三不”原则的邹总，给我喝一碗心灵鸡汤，说：今后这世界上，有三种人：学者、雇佣者和被雇佣者。学者，有学问，受人尊敬，可以我行我素，靠技能吃饭。雇佣者，是公司的所有者，可以按自己的思路做事，公司的就是自己的，对结果负责。被雇佣者，就要按被雇佣的方式生活，按公司的规则做事。

拿创业的心态去打工，就是一个傻子。

我终于明白了自己心中那点隐隐不甘到底是什么。

20 年的中兴生活，有幸参与了中国通信业从起步到兴盛的全过程，个人从产品到销售、从国内到国际，走遍了中兴通讯的重要岗位。中兴不再是原来的中兴，我也不再是原来的我。

心中带着满满的遗憾与不舍，带着对未来的担心与害怕，当然也有一丝丝对海阔天空的向往，我轻轻地离开你，去追逐我的理想。

祝中兴通讯未来更美好！

第七章

感　　悟

我不喜欢这个名字

我不喜欢这个名字。守臣，守着大臣，不就最多是一个管家吗？还有可能就是个奴才。

听妈妈说，名字是爷爷取的。爷爷是当地有名的文化人，会医术，救过很多人的命。我妈妈那时候经常头痛，爷爷能在她的头上插 100 多根银针。我觉得没把我妈弄死，就是很大的本事。也会讲故事，60、70 年代没有电视，周围的人吃饭时都端着碗坐在门道上听他讲三侠五义。爷爷也懂八卦，会算命。简要概括爷爷——“上知天文，下知地理，中晓人和，明阴阳，懂八卦，晓奇门，知遁甲。”

我真羡慕我的爸爸，他有这样一个好爸爸。

我们这辈是“守”字辈，所有的兄弟都叫守什么。妈妈说爷爷写了 20 多个名字，守先、守玉、守印、守国……让她选。妈妈偏偏选了守臣，听上去像管家的这个名字。

上小学时，在《小学生报》上有篇文章，一个学生说自己姓尹，因为没有像其他同学的姓那样，历史上有很多名人，而感到自卑。我看了一下姓王的，做过皇帝的，有一个，王莽，篡位当的皇帝，还很快死了，不如没有。再有名的就是王安石了，变了个法，还没有成功。所以小学时，“王”这个姓，我也不太喜欢。

上初中时，在作业本上偷偷改了自己名字，叫“王首臣”。这样就是第一大臣了。作业本也不敢带回家，怕爸爸生气，或被那些守先、守玉等兄弟给打死。一段时间后就又改回了守臣这个名字。

后来读书多一点，才知道明朝有个兄弟叫王守仁的，别号阳明。这兄弟厉害，从小聪明，他爸爸是个状元，希望儿子也是状元，但王守仁志不在此，自己一个人跑到边疆前线，去从军，希望成为一个将军，但被老爸给抓了回来。回来后也没想考个状元，而是要做一个“大家”，像孔子一样。王守仁每天拿个尺子，对着一盆花格来格去，觉得可以格物致理。要放在普通家庭，这样的傻儿子早被打死了。

王守仁后来创立了心学。

按立功立德立言来看，古往今来，中国仅有 2.5 个圣人，孔子和王阳明，曾国藩只能算 0.5 个。

想着王守仁这个名字，眼前就浮现出一个清秀少年，拿着那把尺子，格那盆花的样子。

傻傻的、萌萌的，别样情趣。

既然有这样的兄弟，我决定不再改名。慢慢地欣赏起自己的名字来。

上大学时，学校的书记叫曲作家，有人写了个上联“曲作家在家作曲”，让全校师生对下联，难倒一片。曾祥志是我们同学中最聪明的一个，那天用我的名字去对“王守臣（城）在臣（城）守王”，算勉强对上了。

这个名字还救了我一命。

上博士时要在核心期刊发表两篇文章才能毕业。我写了一篇，计划发一级期刊《电子学报》。给导师诸老师看了一下，说这样的文章发《电子学报》估计没戏，而且《电子学报》的阅稿时间也长，一般要半年以上，让我算了。后来想想，试试也行。

没想到两个月不到，《电子学报》编辑部就回信了。

录用！

我再看一下阅稿的老师，叫王守觉。

院士。

这个远在北京的兄弟救了我。三年半，正常毕业了。

“怎么是水？”

1998年12月我们结婚了。

我们办了三次婚礼。上海单位一次，山西我老家一次，浙江她老家一次。

其实我们一次也不想搞。佐证是，到现在也没有拍过结婚照，也许你都不信。

我在南京理工大学读研究生的时候，有一个胡姓的同学，陕西人，他本科后工作过几年。我们刚报到的时候，为了帮助大家尽快认识，中秋节那晚组织大家去音乐台赏月。大家围成一个圈，坐下来，每个人介绍一下自己。一个女同学叫储穗，她介绍自己有难度，就说自己是放粮食的。聪明，冰雪！轮到这个胡姓同学，他用一口凝重的陕西话说："额姓胡，叫胡××，额吃，喝，也赌，但不嫖……"文字写不出他那慢条斯理讲话的陕西腔，大家都笑了。

贼！贼！贼！从此结交了这个好兄弟。

胡同学也是贫苦人家出身，工作几年也没挣到几毛钱。现在厉害了，大学教授，据说还买了一座山。结婚的时候就在西安，他、夫人还有一位在西安的亲戚三个人吃了顿饭，回去把单位的两张单人床拼起来，住在一起就算结婚了。

我觉得他们很浪漫，我们也计划这样。

结婚主要是要手续合法，1998 年 12 月初我们去领结婚证。那时候领结婚照还得去医院检查一下有没有性病，不知道现在还有没有这个要求。

领结婚照排队，前面有几个人，我们就排在后面。轮到我们的时候，里面办证的大姐可开心了，说你们俩好有福气，结婚证号是 5788，"我妻发发"。

说很多人为了结婚证上有一个 6 或 8，排到了一看不是，就重新排队。

2002 年公司从桂林路搬到了碧波路，坐到分配给我的座位上，竟然发现我的电话分机号码也是"5788"。

我这辈子只娶过一个老婆叫海燕，工作过两个单位，一个叫中兴，一个叫海兴。这就是我的宿命，20 年浓缩起来就三个字"海中兴"。

但结婚的事被上海分管行政的梁主任知道了。她说不行，一定要搞个仪式。

上海所那时就一辆桑塔纳，就把这个桑塔纳做了婚车。

结婚要用的东西都是苏方春、李伟恒和陈炜三个人准备的，也没有给他们一分钱。照相、录像都是自己搞的，后期看效果都很一般。我啥也没干，婚车到酒店的时候，竟然还有鞭炮放，大吃一惊，这三个兄弟也太暖心了。

阚玉伦总是我们的证婚人，让我们讲一下什么时候、怎么认识的。大家起哄一番。夫人给我唱了一首歌，“如果不是遇见你，不知我会在哪里，日子过得怎么样？人生是否要珍惜……”

听着我哭了，她也哭了，哭得唱不下去。算了算了，到此为止。证婚人宣布：“王守臣与李海燕喜结连理。”

什么呀，人家姓吕，不姓李。估计晚上没备课，被同事们修理了一番。

更正：

“王守臣与吕海燕喜结连理。”

苏方春是伴郎，小姨子是伴娘。开始敬酒，一个一个敬。伴郎就是挡酒的，可朋友们与伴郎喝了还是要与新郎喝。

喝就喝，谁怕谁呀。

喝了几杯之后，伴娘把我的酒换成了水。我喝了一口，觉得味道不对呀。

大喊一声：“怎么是水？”

那一天我醉了。

对了，浙大的师弟、师妹也来参加了我的婚礼，我喜欢这个小集体。

论“学习的途径”

吾辈之学习，概多无人指导，懵懵懂懂，看到什么就学习什么。等到成年之后才感慨年少时浪费了很多时光。

1970 年，我出生于山西农村，家里一共有 5 个孩子，我，两个姐姐，两个妹妹。家里最辛苦的是大姐玉平，她成绩很好，也最爱上学，但迫于生计，只读到了初中，就辍学务农了。等我考上大学的时候，大姐常说，“如果我也继续上学，我们家就有两个大学生了。”我那时就能体会到大姐心中的自豪和隐隐的不甘。

大姐一辈子好强，在农业大队的时候，她赶的马车总比别人的马车要快，每天多拉两趟。大姐嫁人嫁了一个更普通的家庭，说要靠自己的奋斗过上好日子。在大姐的眼光里，她做到了，一辈子盖了三座房子，给两个儿子娶了媳妇。大姐已经不在了，但我常常想起。

“大姐，你还好吗？”

你辛苦、短暂的一生，奉献了自己，但我觉得你是幸福的，奉献自己，做到了自己期望的目标。

二姐聪明，也是我们家五个孩子中最漂亮的一个。但事出有因，在我印象里是不太爱读书的一个。

两个妹妹似乎是我出生前就存在了，因为在我的记忆里就没有她们俩的童年时光。

在村子里，我家虽算不上书香门第，但也是喜欢读书之人。爷爷既懂得医术也懂得八卦，常给人看病，也给人算命，幼年时很崇拜爷爷，觉得他无所不能。

父母很重视我的教育，上小学时老师要我们订《小学生报》，回去向父母要钱，多数父母是不会给的，而我的父母竟想也不想就满足了老师的要求（我总觉得老师比我更想定）。

在当时的普通农村家庭里是无书可读的，更不要说启迪你读什么样的书，怎么样去读书。

上初一时看了人生的第一部大部头小说，名字已经不记得了，但记得其中主人公的一个故事。三个同学考完试之后，去找和尚算命，看谁能考中。和尚看着他们三人，就举一个手指头，一句话也不说。后来主人公高中，其他两个同学落榜了。主人公觉得这个和尚很厉害，算得太准了，那个手指在他眼里就是“一个能考得上”，于是每年他都去上香。

其实“一个手指头”还可以理解为“只有一个考不上”和“一个也考不上”，主人公大概没有多想。

现在的条件好了，下一代具备了好的学习硬件，学习的方法就变得重要了。

我觉得学习要采用 Top-Down 的模式，先宏观再局部。就想与儿子（11 岁）探讨一下学习的途径。

爸爸：“儿子，如果学习，首先应该先学什么专业？”

儿子：“天文。”

不错！

爸爸：“然后呢？”

儿子：“地理。”

不错！！

爸爸：“然后呢？”

儿子：“历史。”

不错！！！

爸爸：“然后呢？”

儿子：“然后，就可以玩了。”

这就是我的儿！

乌镇

“妈妈，我想乌镇了。”

“儿子，我们也想了。”　于是临时决定，开启了第五次乌镇之行。

乌镇从 1999 年才开始规划建设，但采用了“先规划，后发展”的思路，定位准确，虽晚于周庄、同里、南浔、角直、西塘等古镇十多年开发，但迄今为止，乌镇已经是中国最成功的文化旅游度假目的地，没有之一。

我爱乌镇，是因为这里古代建筑与现代装修的完美融合。到了乌镇，购票后放下行李，就可以乘船到达酒店，晃晃悠悠的十分钟航程，仿佛把你从喧嚣的闹市带入到了一个世外桃源。乌镇的酒店和餐厅都是实行统一管理，标准统一，酒店外面虽然看起来古老而朴实，但内部的装修完全是现代化的，所以在乌镇也能让游客享受到大都市才有的设施和服务。

我爱乌镇，是因为这里的人很纯朴。这里的工作人员好像还停留在 60 年代，对金钱的获取似乎没有什么强烈的欲望。无论你到了哪家店，工作人员都不会有意识地推销，他们既不冷淡，也不过度热情，就像到了自己家一样，你大可随意这里看看那里看看。当你发现自己喜欢的东西时，他们又会不卑不亢，做到应有的周到服务。

我爱乌镇，是因为这里的美食。乌镇的餐厅都比较宽敞，对每个酒店可以经营多少张桌子都有明文规定。乌镇的菜都是些家常菜，不油不腻，连青菜都能烧出甜甜的味道。价格也很公道，不用担心宰客，这种从容也是别的地方体会不到的。

小吃也做得很有特色，馄饨、烧饼、发糕、豆腐脑等应有尽有，各有各的味道。

有时驱车200公里，到乌镇吃一碗馄饨就走。

什么也不说。

乌镇两日很快就结束了。

儿子依依不舍，抬头问：

“爸爸，下次我们什么时候再来？”

乌镇，来了就未曾离开。

争做“三不”男人

我一说“三不男人”，有人笑了，一定想到了泡妞口诀，“不主动，不拒绝，不负责”。

坏人。

我说的争做“三不”男人，比这个重要，男人要做到“不着急，不害怕，不要脸”。这是一次与邹总聊天提到的理念，细细品味，不明觉厉。

“不着急”，你得有不着急的资本。吃了上顿没下顿，能不着急吗？儿子开学，学费还没有着落，能不着急吗？亲人生病，交不了住院费，能不着急吗？能做到“不着急”，需要有一定的物质基础。

“不着急”，你得预知未来。现在虽然过得不尽如人意，但知道未来会比较好，也会不着急。我的一个朋友，1998年博士毕业，在一个创业公司一直工作到现在，在上海20年，最高只拿到20万的年薪。与中兴的同事比，感觉是失败的。去年卖了点股票，就把房子买了。今年公司上市是大概率事件，小目标就实现了。不止是收入，而且是有一份可以奋斗一生的事业。

“不着急”，你得有良好的心态。幸福是相对的，幸福不幸福关键是你与谁比。我们现在物质极大丰富，也没有感觉比宋朝的人幸福多少。春节在家，吃什么好吃的，都觉得没有以前的味道好，但你真正吃到记忆中的东西时，却又找不到记忆中的味道。朱元璋当皇帝后，吃什么都不香，常常想起自己做乞丐时，在一个寒冷的冬天，一个老者分给他的半个烤红薯。有心人就花大力气找来那位老人。朱元璋甚喜，但吃过了烤红薯觉得味道平平，问老者为什么不像以前那么好吃了？老者曰：“红薯还是那个红薯，你已经不是以前的你了。”

如果生活感觉不幸福，看看《活着》，就知道自己生活在天堂。

“不害怕”。要做到不害怕，就需要不做亏心事。很多人都没有机会做害怕的事情，这样可以平安一生。而高位上、富有之人，能做到不害怕的难度就比较大。当真正要找你麻烦的时候，没有问题也会有问题，“说你有你就有没有也有”。前几天一个表哥讲他们公司的一个领导被审计，找不出经济问题，找不出男女关系，那就查他过去的档案，终于找到了，在他 2003 年的入党申请书上出现了 2005 年国家领导人的口号，说明你的入党申请书是后来补的，虚假入党！

更何况，人多多少少总有一点问题。

不做亏心事，不怕鬼叫门。不害怕，就需要活得坦坦荡荡。

有人讲过，幸福不幸福，就在于你是怎么死的。如果死的时候是快乐的，那以前的苦难都是磨炼你的意志，想起来苦也是美的；如果死的时候是痛苦的，以前的大富大贵都仅是过程的诱惑，加深你现在痛苦的感受。

“不要脸”。一听这个，你又笑了。不是说要你占别人便宜，我理解是要做到不要打肿脸充胖子。

如朋友买房子找你借钱，你没有，找别人借钱借给朋友。朋友找你借钱，没有按时还，自己还不好意思要。本不想参加的一些活动，碍于面子还是去参加了……

这些都可以免了。

“不要脸”，我也就理解到这个层次。博大精深，各人有各人的体会。

孔子曰：“吾十有五而志于学，三十而立，四十而不惑，五十而知天命，六十而耳顺，七十而从心所欲不逾矩。”有人理解为2500年前孔子就知道了股市的真谛：

“如果你有三十文钱，就可以站在股票大厅炒股票了；如果你有四十文钱，你就可以有专家给你讲盘了；如果你有五十文钱，你就可以知道明天的股票涨还是跌了；如果你有六十文钱，股市就可以听你的意见涨还是跌；如果你有七十文钱，亲爱的，你就可以想让股票涨就涨，想让股票跌就跌，证监会拿你也没办法。”。

人与蛇

芸芸众生，穷的地方多“人”，富的地方多“蛇”。

多数人像“人”一样生活，一日三餐，一顿不吃就饿得慌，一个星期不吃就game over了。人是靠月薪生活的，一个月不领工资就交不了房贷。

富人像蟒蛇一样生活。平日里不吃，而是慢慢地移动，以节省体力；静静地倾听周围，以发现目标；当看见猎物时，目光如炬，聚精会神，一击必中！

蟒蛇一年吃一顿，一顿活三年。

即使是人，细想一下自己的财富，也是某个蟒蛇阶段获得的，比如买房、炒股、奖励……

无论哪个年代，人与蛇的比例都差不多，因为人人都想成为蛇，蛇以人为食物，蛇太多了也会饿死。

《资本论》中的剩余价值是“人”与“蛇”的最佳注解。

陈姓同学是我大学同学中经济条件最好的一个。每年我都要到他那里去求学，这是2012年那次布的道。

感性

人有感性和理性之分。

与感性的人生活，与理性的人工作，过得估计都不会差。

Carlos是我认识的感性人之一。结婚以前，做什么事，只要一叫，马上就来。打牌三缺一，一个电话不管多远都会跑过来。

打牌随性，大的小的都行，不过他牌技好，赢的时候多。一把斗地主赢了我9800，让我房子晚买了半年。

最有意思的是Carlos在巴西喝酒。一开始就喊“兄弟们，干了！”交杯换盏，半小时后就往往找不到他了，属于先把自己喝倒型的。

Carlos收入不低，我在中兴通讯任西班牙总监的时候，他是副总监，但人在巴西，同时向巴西的国代袁列汇报工作，属于两栖型的选手。工作做得比较好，人缘也不错，所以可发可不发的奖金他都可以拿到，经常拿两个人的奖金。一年下来，总收入比我们两个领导都高。

但Carlos不存钱，那些钱都被他糟蹋了，只要有他在，基本上没有别人买单的份儿。

Carlos结婚以后变化不大，但有了女儿以后变化就大了，叫他打牌，会说“我得陪女儿，来不了”，也知道存钱了。

这样的 Carlos，我觉得更好。

袁列也是感性之人，喜酒，他可以为朋友两肋插刀，插一刀就可以了，他非要插两刀，多出来的一刀，于人无用，于己有害。

不知道什么时候才能做到“我为朋友插一刀”，恰到好处。

我也是感性之人。

本科就读于华东工学院，一次与小贺去打水，他说：“你学习这么牛，有本事就考上浙江大学，那是东方剑桥呀”。因为这句话，读博士时就报考了浙江大学。

我的第一个房子就是朋友说这个不错，就买了。问他买哪个楼层好？他说最贵的，我就这么做了，房子买到手后都不知道在小区的哪个位置。

我的第二个房子是散步时看到的，觉得不错就交了定金，回家才发现钱不够交首付。

我的积蓄也是因为感性败光的，跟着别人炒股赔光了。

几年前，黄先生说有个公司不错，可以投资一下，我去看了一次，觉得你说行就行吧，就投了一点。结果这个公司最近上市了，这一感性决策把我从前面的深坑中救了出来。

黄先生是理性之人。

昨天我见了一个更猛的许总，许总现在做一家教育公司。说当时为什么来这个公司做总经理，说是与一个朋友摇骰子决定的，一个岗位，谁输了谁去。结果他输了。如果几年后这个公司上市了，你说，他输了呢还是赢了呢？

我也是醉了。

与感性的人生活，与理性的人工作，过得估计都不会差。

千万别搞反了，像马克·吐温说的那样。

有位舞女给马克·土温写信，说要嫁给马克·吐温，“如果我们的后代有我的容貌，你的头脑，多好啊！”可马克·吐温回信说：“如果是你的头脑，我的容貌呢?”

感恩与幸福

人生在世，要懂得感恩。

如果你懂得感恩，你就会觉得自己是幸福的。

证明：

如果世上仅你一人，就没有人爱你，也没有人恨你，生活是孤独无味的。这样的生活不用说一年，即使尝试一月，概也难坚持下来。

人是群居性动物。

如果没有恨，也就没有爱。就像没有阴就没有阳，没有正就没有负一样，到现在还没有发现有单独的正磁极存在。

虽做不到耶稣的伟大，爱“恨你之人”，但也要能忍受“恨你之人”的存在。正是有了“恨你之人”的存在，才让你感受到了有“爱你之人”。

曾与最有思想的喜瑜聊天，他问我“什么是幸福?”一时答不上来。他说“被需要”。辛酸冷暖多年之后，对这个幸福的定义才体会深刻。当你处于“被需要时”，可能会感觉到忙碌与疲惫；当你“不被需要时”，你会感到孤独与失落。

忙碌与疲惫是幸福的。

很多人工作不是为了钱，而是为了这种“被需要”的感觉。钱很多时候又客观地衡量了“被需要”的程度，所以表面上看工作是为了钱。

追逐金钱不是可耻的，幸福是需要建立在一定的物质基础之上的。当物质不是最需要的时候，多数人会追求“被需要”的感觉。

人生的“上乘之作”是追求“被需要”感觉，不小心赚了很多钱。

幸福多少，在于你给予了多少，而不在于得到什么。

耶稣把羊分给众信徒，结果羊越分越多。

我相信这是真的！

“中兴事件”的本质——限制中国的快速发展

中兴通讯因设备出口伊朗，违反了美国政府颁布的《伊朗交易与制裁条例》，美国商务部将中兴通讯列入“实体名单”，全面停止美国与中兴的一切商务合作，史称“中兴事件”。中兴通讯是国内外著名的高科技企业，又恰逢中美贸易摩擦关键时期，受到了国民的普遍关注。期间评论褒贬不一，本文客观回顾“中兴事件”的全过程，首先中兴承认在管理上是存在错误的，但整个事件的本质还是美国限制中国的快速发展。

一、“中兴事件”回顾

1.“中兴事件”的第一阶段。

2010 年 1 月—2016 年 6 月，中兴设备曾销售出口伊朗，违反了美国《伊朗交易与制裁条例》。

2012 年 3 月中兴通讯就收到了德克萨斯州法院传召函，要求中兴通讯就设备出口伊朗配合调查。

2016 年 3 月，美国商务部调查结束，决定将中兴通讯列入“实体名单”，全面停止美国企业与中兴通讯的一切商务合作。

2017 年 4 月，在中国政府与中兴通讯的共同努力下，中兴通讯承认在伊朗贸易中所犯错误，中兴通讯与美国商务部达成和解协议。协议规定，对中兴通讯罚款 8.9 亿美元，外加 3 亿美金的保证金，同时给予 7 年观察期，在 7 年内没有违反合规要求，再从“实体名单”中最终移出。同时宣布恢复美国企业与中兴的商务合作。

至此，中兴通讯虽然付出了极高代价，但犯错在先，参照以往其他案例，这样的结果也算在情理之中。在接受巨额处罚后，中兴业务快速恢复，2017 年实现销售收入 1088 亿元，利润 45 亿元，达到历史最好水平。

这是“中兴事件”的第一阶段。

2.“中兴事件”的第二阶段。

2016 年 11 月 30 日，中兴通讯为与美国商务部尽快达成和解协议，正常开展业务，中兴通讯向美国政府提交信函，提出对涉事“35 + 4”人进行处理的提案，但该提案一直未获得美国商务部确认。

2017 年 7 月 20 日，在回复美国商务部“中兴通讯对 35 + 4 人的处理进展”时，中兴通讯雇佣的第一家律师事务所向美国政府汇报已处理完成。

2018 年 2 月，中兴雇佣的第二家律师事务所在内部审查时发现对“35 + 4人的处理”处罚未全部执行，存在谎报嫌疑。

2018 年 3 月 5 日，针对以上情况，中兴内部对以上情况立即进行核实。

2018 年 3 月 7 日，中兴通讯主动向美国政府汇报实际事实情况，承认以前因个人工作失误，对“35 + 4 人的处理”处罚未全部执行，存在误报。

2018 年 3 月 8 日，中兴对 35 人按要求进行处理。

2018 年 3 月 12 日，中兴聘请第三家律师事务所开展独立调查，拟对发生的事情给美国商务部提交独立调查报告。

2018 年 3 月 16 日，中兴向美国商务部汇报进展，申请 2018 年 4 月 30 日完成相关调查。

2018 年 4 月 16 日，在未拿到中兴通讯的独立调查报告前，美国再次激活拒绝令，全面停止美国与中兴一切商务合作。

这是“中兴事件”的第二阶段。

二、中兴通讯在合规经营方面的工作进展

在“中兴事件”的第一阶段，中兴通讯就非常重视合规工作的改进，做了以下工作：

1. 设立 CEO 领导的“合规管理委员会”。
2. 设立专职高级副总裁负责合规工作，与其他法务工作相互独立。
3. 全员学习《出口管制合规手册》，通过后才能上岗。
4. 建设 GTS（Global Tracking System），对全球发货进行有效管理。
5. 聘请美国指定的独立合规检察官。
6. 2017 年累计投入 5000 万美金用于合规建设。

本人亲身参与了合规的相关培训与建设工作，确实体会到公司合规在真抓实干。百密一疏，确实因个别员工的工作失误，出现了对 35 + 4 人的处理意见的误报，导致美国商务部再次激活拒绝令，全面停止美国与中兴一切商务合作。

三、“中兴事件”的本质是限制中国的快速发展

在中国政府的积极协调努力下，中兴通讯与美国商务部最终达成如下和解协议，再次重新正常开展业务：

1. 10 亿美元的罚金。

2. 4 亿美元的保证金。

3. 10 年的观察期。

4. 更换现有高级副总裁以上的公司管理层与董事会成员。

中兴通讯本无主动犯错的客观意愿，自查发现问题后主动上报美国商务部，并做出处理，美国商务部为什么还要做出如此严厉的经济处罚，特别是要更换所有公司管理层与董事会成员呢？因为美国政府并不是像老师对学生那样，通过惩戒改正学生的错误，而根本目的是延缓和限制中兴通讯的发展。中兴通讯是全球拥有未来 5G 技术的 4 个设备供应商之一。5G 技术不但成十倍地提升 4G 无线网络的带宽，提供更短的通信时延和海量的接入，更是实现无人驾驶、人工智能、物联网的信息交互平台，5G 技术领先将带动信息工程产业实现群体突破。中兴通讯拥有先进的技术，同时本身合规工作存在失误，为美国的制裁提供了借口，就成为中美摩擦大环境下，第一个受到美国政府打击的对象。

美国制裁中兴通讯，依据是美国的《伊朗交易与制裁条例》。后续美国以“国家安全”为由，禁止美国政府采购华为、浙江大华、海康威视和海能达等公司的产品。以“301 法案”，拟对美的集团、中国中车、华大基因等公司的产品征以特别关税。从这些事件可以看出，“中兴事件”不是个别事件，而是美国采取的限制中国科技企业发展的一个早期案例而已。

《禁运国交易与制裁条例》、301 法案和国家安全，是美国政府制裁中国企业的三个大棒。

我们再看中国改革开放 40 年来取得的成就。1968 年中国的 GDP 占全球 GDP 的比例是 4%，虽然 80 年代、90 年代，中国平均按每年 10%的增速在发展，但直到 2001 年中国加入 WTO 前，中国的 GDP 占全球 GDP 的比例也仅是5%。从2001年中国加入WTO之后，到2016年短短的15年时间，中国GDP占全球GDP的比例，从5%提升到了22%，而在此期间，美国GDP占全球GDP的比例，则从43%下降到了37%。日本GDP占比的变化更大，2001年，日本的GDP是中国的3倍，而到了2016年，日本的GDP是中国GDP的1/4。

看到这样的经济数据变化，我们在为祖国取得的进步欢欣鼓舞时，我们是否能体会到美国人民、日本人民失落的心情？他们对此会怎么想，怎么做？

冲突与发展并存。我们要有危机意识，同时也要勇于面对挑战。脚踏实地，发展实体经济，发展核心技术，一个国家是经济基础决定上层建筑，在国际秩序上，该理论同样适用。

有句话说得好：他强由他强，清风拂山岗；他横由他横，明月照大江。

我们最大的贡献，就是脚踏实地，做好我们现在的工作。时间是最好的解药。

让中兴通讯之花开遍神州大地

你可曾有过蹦极的经历？我有过，所以才知道90%的人都是被推下去的，而不是自己跳下去的。蹦过，才体会到了那种惊恐、复苏、刺激的喜悦。

我离开中兴通讯时，心中是满满的遗憾与不舍，对未来的担心与害怕，当然也有一丝丝对海阔天空的向往。

必须承认，在“中兴事件”中，首先犯错的是我们，这说明我们的管理中存在漏洞。但美国的处罚显然也有过重的嫌疑，这又在其情理之中。在中美博弈之时，美国不是像老师处罚学生那样，目的是帮助学生进步，而是要限制中国的发展。管理层中多数人与“中兴事件”无关，但最终也没有得到美国的赦免，更说明了“中兴事件”的本质是——为了抑制中国的发展。

但凡事都要分两面看。公司因中兴通讯事件对管理层所做的调整，在今天看来，对公司、对个人都是巨大的不幸与挑战。但 10 年后再来看，却可能使公司、个人都焕发出新的生机。

中兴通讯近 10 年发展缓慢，每一届的领导都希望能够变革，但结果却差强人意，这与我们固有的传统思维有很大关系。

现在的中兴通讯拥有全新的年轻管理团队，可以不再受传统思想的束缚，大刀阔斧地改革，改变一切必须改变的。新的管理团队成员，我们都曾并肩作战过，我相信他们有这样的能力，追随着自己的内心，把中兴通讯带到新的高度。

太阳每天总是从东面升起，离开中兴通讯后，我们还会一样继续生活。我们将面临新的职业选择，无论是创业还是寻求新的平台，都必是灿烂人生。

很多成功的案例都是被迫的。2001 年，华为为了过冬，把电源部门（安圣电气）以 7.5 亿美元的价格出售给艾默生，很多华为人不适应、不喜欢新的环境，选择了自主创业。据华为前员工戴辉统计，从这个部门出来的核心成员创立的上市公司有 10 家：鼎汉技术（300011）、英威腾（002334）、中恒电气（002364）、汇川技术（300124）、蓝海华腾（300484）、英维克（002837）、麦格米特（002851）、禾望电气（603063）和盛弘股份（300693）、欣锐科技（300745）。

从中兴通讯出来创业的员工，我没有看到权威的统计，与我熟识的员工创立的上市公司有国民技术（300077）、聚飞光电（300303）、中新赛克（002912）、闻泰科技（600745）、数码科技（300079）等。我不知道的，估计还有很多。

中兴通讯的阅历，让我们有了国际化的视野、对产业发展的判断、丰富的管理经验以及做事业所必需的人脉。在中兴通讯时，我们常抱怨，自己受束缚无法尽情发挥，现在创业了可以尽情绽放。是骡子是马，牵出来遛遛。

更多的人会选择新的平台，中兴通讯合作与协同的文化将会使离开的员工有更大的机会获得成功。除工作所需的能力之外，要庆幸自己经过残酷的竞争，还能保持着正常人的心态。

庆幸在中兴多年后，你还是个正常人，这将助您快速融入新的集体。

在中兴通讯，我们倾其所能；离开后，也要积极进取。

看，惊喜就在不远处。

让中兴通讯之花，开遍神州大地。

中兴人，身体上流淌着中兴通讯的血液。让我们以一种新的方式存在，用我们的智慧，为人类发展做点什么。

10 年后，再聚首，我们还可以自豪地说——我们都是奋斗的中兴人。

后记

我的后半生

——写在阅读瑞·达利欧《原则》之后

《原则》通过作者的亲身经历，建议读者无论生活还是工作，都应该建立起基本的原则。通过这些原则来规范自己的行为和决策。如果你知道什么是正确的，你自然会去做正确的事。可惜人生更多的时候面临不知道什么是正确的，而且还必须迅速做出决策。

面对这样的场景，遵循制定的原则，可以提升我们快速找到正确方向的概率。

通过软件可以将这些原则工具化，避免人为决策时的情绪化以及因素考虑不全面而造成的决策失误。

如果你看过比较多的管理书籍，就会发现其实这些原则本身都大同小异。基本原理都是首先要确定目标，再分析现状与目标的差异。通过制定行动计划，执行计划，缩小现实与目标的差距。

循环往复，不断改进。

《原则》对我最大的启迪是人生必须设定一些原则，并且严格遵守这些基本原则，不让生活落入不堪的境地。

人近50，不再有多的改正错误的机会。

2006年在巴西的时候，我们有一个高端销售总监Paul，分享他的投资理念。把资金分成三部分，1/3用于日常生活，1/3用于稳健投资，1/3用于高风险、高收益的投资。

当时我对此不屑一顾，10年后当我生活面临危机时，才发现如果我遵循这样的原则，就不会输得那么惨烈。

中国商人千金求得与股神巴菲特一顿午餐，午餐中巴菲特讲了什么？其中一条就是分享他的投资原则：

1. 不做自己不懂的事情。

2. 不做空股票。

3. 永远不要用杠杆投资。

2016年投资股市，我违反了1、3两条规则，输得一败涂地。之所以没有违反第2条，是因为那时还不会。

这样的结果曾使家人一起处于危险的境地。

好在有友人的帮助，才回归现在正常的人生。为避免重蹈覆辙，对后半生制定如下原则：

一、要把工作与生活分离，让家人有一份安定、平静、小康的生活。

二、60岁前完成“环跑赤道一整圈”的目标。

自2016年5月8日发起“我用4000天，环跑赤道一整圈”，至今已经完成了5000多公里。在这过去的近两年时间里，体重下降了30斤。

从1997年起，我每年春天都会咳嗽，时长两个多月。期间看过很多医生，被疑为气管炎、鼻炎、花粉过敏甚至肺结核等病症，吃过各种各样的药，都未见成效。

直到2016年在瑞东医院看了个台湾医生。这个医生说，我的咳嗽是因为对冷空气过敏。我觉得非常奇怪，问："如果是对冷空气过敏，为什么冬天不咳嗽，反而春天咳嗽呢?"

医生说，是因为到了冬天的时候，我体质还好，可以应对。但随着进入冬天时间越长，体质抵抗力逐渐下降，终于有一天我的体质抵抗不了冷空气了，这个时候我就开始咳嗽了。这个病没有别的解决办法，只有增强体质。

虽然当时半信半疑，我还是考虑开始锻炼身体，这也是我发起"环球跑族"的重要原因。

从开始跑步到现在，真的再没咳嗽过。

现在"环球跑族"共有几十名会员，希望更多的朋友参加。互相鼓励、互相监督，完成这一壮举。

"环球跑族"规则（Ver 5.0）：

目标：我用4000天，环跑赤道一整圈。

规则：

1. 总体目标是4万公里，每1000公里为一季，全程分为40季，会员可以根据情况参选任一季。

2. 坚持每周活动不少于3次，每次距离不少于5公里。

3. 相对于跑步5公里的其他运动如足球、骑车等也可计入总里程。

4. 跑步后成绩通过朋友圈发布。第m季第n次跑步发布信息为："我用4000天，环跑赤道一整圈"活动第m季之n/100@地址。@地址可选。

5. 每次活动后拍一张照片惠存，完成环球一周之后我们看看我们的每日变化。

三、完成《文字不灭》上半卷，即《文字不灭——我在中兴通讯黄金二十年》，追忆我们的似水年华。

记录个人创业以前我们一起的美好故事，争取在年底前出版，致敬我们共同的芳华。

《文字不灭》，不是小说，不是管理丛书，不是回忆录。

《文字不灭》，是小说，是管理丛书，是回忆录。

如果你喜欢，它就是你喜欢的样子。因为它就是生活中的你我。

四、开启《文字不灭》下半卷，记录一个创业公司是如何倒下的。

记录我的创业历程。记录创业历程中的点点滴滴，创业的情感变化与抉择。

创业是艰苦的，是人生的一次修炼。做好最坏的打算，朝最美好的目标迈进。

五、致力于创立一家全球科技领先的上市公司。为人类的科技进步做出我们这代人该做出的贡献。

Powerwyse，功率半导体产业的创新领导者。

欢迎您的加入。

无问西东，我们总该有梦想。

61 岁后，等待优雅地死去。